「超日本」宣言

わが政権構想

河野太郎

講談社

「超日本」宣言——わが政権構想　■目　次

「超日本」宣言――わが政権構想

はじめに

慌てて書いたブログ

二〇一一年四月二十三日のブログ（「ごまめの歯ぎしり」）に、私はこう書きました。

声を上げますか、それとも泣き寝入りですか

2011年04月23日 09：25——

たくさんの方々にメルマガ、ブログを読んでいただき、誠にありがとうございます。

しかし、これで終わってしまっては意味がありません。

東京電力の福島第一原子力発電所が起こした事故の賠償金を国民の電力料金を引き上げて

まかなうという、政府の東京電力救済案には反対であるというインターネット上のみなさんの意見を、現実の政治に反映していかなければなりません。

ではどうすればよいのか。

地元の国会議員に皆さんの意見をきちんと伝えてください。

どうやって?

あなたは、あなたの選挙区で選出された国会議員がだれか知っていますか。知らなければ調べましょう。衆議院議員と参議院議員がいるはずです。

誰かわかったら、その議員のホームページで、事務所がどこにあるかを調べてください。場所がわかったら、訪ねていきましょう。遠慮することはありません。そのための事務所です。

今、通常国会が開かれていますから、国会議員は平日は国会にいることが多いので、地元の事務所に行くならば、平日なら月曜日か金曜日が狙い目です。

議員がいなくともかまいません。地元の秘書さんにしっかりと、救済されるべきは被災者であって東電ではない。東電が支払うべき賠償金を全国の国民の電力料金を引き上げて、国民に負担させるのは筋違いであると指摘して、現在報道されている政府の案に、議員がはっきりと反対の声を上げることを求めてください。そして、このことを議員に伝えるだけでなく、この件に関する議員の考えをこちらに伝えてほしいとお願いしてください。

具体的に議員がどう動いてくれるのか、それも教えていただきましょう。

事務所が遠かったりして、訪ねて行きにくいならば、電話をしましょう。電話に出てくれた相手の名前をうかがって、同じことを伝えましょう。電話ならば、一週間後にかけ直すので、それまでに議員の考えを聞いておいてくださいとお願いしましょう。

メールやFAXもありますが、やはり、訪問したり電話をしたりしたほうが、皆さんの考えをしっかりと伝えることができます。

よく、署名活動はどうでしょうかと聞かれます。集めた署名をどうするのでしょうか。

国会への請願という手段もありますが、個々の議員には請願は伝わりません。しかもたいていの場合、委員会で保留ということにされて、文字通りお蔵入りです。努力の割に効果がありません。

デモはどうでしょうか。こういう活動をこれから始めるぞという勢いづけにはいいかもしれません。もし百万人が集まって、東電を救済するな、被災者を助けろとデモができれば、意味があると思います。

五十万人ならば？　たぶん。十万人ならば？　たぶん。どこでやるのが効果的か考えましょう。

しかし、やっぱり効果的なのは、国会議員それぞれに、大勢の皆さんがきちんとそれぞれのおもいを伝えることです。

リビアと違って、政府軍が銃撃してくることはありません。北朝鮮みたいにそのままどこかに連れて行かれて行方不明になることもありません。
声を上げますか、それとも泣き寝入りですか。

じつは三月十一日の事故の後、たくさんの方からいただいたメールのなかには、いま、私に何ができるでしょうかと書かれていました。

私は、はじめはそれを読んで、みなさん一人ひとりの、小さくてもできることをやるぞという決意のあらわれだと思いました。ところが、それは行動したくともどうしたらよいかわからないという方々からの真剣な質問だったのです。私にメールをくださったひとりの方と新橋の駅でお話をする機会がありました。その人は、ほんとうにどうしたらよいのか、自分に何ができるのか、熱心に私に尋ねてこられました。

正直、ちょっとショックでした。国政についてなにか思うことがあれば、まず、国会議員に訴えるものと私は思っていましたし、有権者もみんなそう思っているものだと考えていたからです。私自身も、茅ケ崎と平塚のそれぞれ駅の近くに事務所を構え、地元の声を聞かせてくださいと言いつづけてきたつもりでしたが、私の事務所もやっぱり敷居が高かったのでしょうか。慌てて書いたのがこのブログです。

地元の声を聞きたいからこそ、国会議員は地元に事務所を構えるのです。議員本人に直接会うならば、あらかじめアポイントは必要でしょう。でも、スタッフと話をすれば議員本人にも伝わります。まず大切なことは、あなたの思いを議員に伝えることです。

ニューヨーク、ワルシャワ、新宿

このブログを読んだ宮崎駿監督のスタジオジブリから、ジブリの雑誌『熱風』のデモ特集号にデモに関する文章の寄稿を要請されました。それが次の文章です。

デモ考

あれはたしか1982年の夏だったと思います。ニューヨークで大規模なデモがありました。「NO NUKES」というかけ声の下、核兵器の廃絶を訴えたデモでした。ニューヨークのダウンタウンからセントラルパークまで、大通りを自動車通行止めにして、通り一杯に広がった100万人を超える人たちのデモ行進が延々と続きました。デモ隊はそのままセントラルパークの広場を埋め尽くしました。今日に至るまで、ニューヨークで、いや、米国で一番大きいデモかもしれません。

実は、私はそのデモの先頭を歩いていました。留学先の高校の友人と、興味半分でデモに参加しようと集合地点に向かっていたら、「手が空いているならその横断幕を持ってくれ」と声をかけられ、ああいいですよと横断幕を持ち上げたら、それがそのデモの先頭の横断幕だったのです。ハーメルンの笛吹きを気取った一人が笛を吹きながら先頭を歩き、その次に横断幕を持った何人かの中に私が写っている写真が、雑誌に載りました。

私がポーランドのワルシャワに留学していた1984年秋に、反政府活動で有名なポピウシコ神父が治安警察に殺されるという事件が起きました。それがきっかけとなってワルシャワで20万人を超える大きなデモが起こり、私も興味本位でそのデモをのぞきにいきました。ふと気づくと、デモ隊が警官隊とにらみあいをはじめていました。警官隊は、盾と警棒を持ち、大通りだけではなく路地まで封鎖を始めました。私は必死で「Japanese, Japanese」と叫びながら日本のパスポートをかざして、警官隊の横をすり抜けて逃げました。東欧の民主化について書かれた本は、必ずといっていいほど、この20万人を超えるワルシャワ市民が集まった事件に触れています。

3・11に起きた東京電力福島第一原発の事故は、日本の原発に事故は起きないという原子力ムラの傲慢な前提を粉々に打ち砕きました。事故は起きないどころか、いったいその事故の中で何が起きているのかすら、保安院も、東電も、そして原子力ムラの学者達も、正確に理解できていなかったのです。

そしてこの事故は、それまでなんとなく原子力発電に対して漠然とした不安を抱いていたものの、なんとなくそれは必要悪だと思っていた大勢の人々の目を覚まさせることになりました。

そして、今回目覚めた人も、それまでも原発について警鐘を鳴らそうとしてきた人も一緒になってこの問題を考えていこう、そして行動していこうという気運が盛り上がってきたのです。

そして、数多くの人が、いろんなところで原発に関するいろんな問題を取り上げてデモをするよ、と呼びかけるようになりました。

一度だけ、私もそんなデモを「見に」行ったことがあります。新宿のアルタの前に大勢の人が集まっているところを地下鉄に乗って見に行きました。

気が滅入る仕事

もう少し、長くなりますが引用することをお許し願います。


衆議院の委員会の理事を務めると、会期末にひとつ、気が滅入る仕事をしなければなりません。それは請願の処理というやつです。

国会には会期ごとに数多くの請願が提出されます。中には何万、何十万という署名を集めた請願があります。ひょっとしたらみなさんも、これまでにこの請願に署名をしたことがある方がいらっしゃるかもしれません。いや、請願の署名を集めたことがある方もいらっしゃるでしょう。

大勢の手を煩《わずら》わせてたくさんの署名を集めたこの請願、じつはほとんど国会議員の目に触れることはありません。ほんの数人の国会議員が請願提出議員となって、その議員の名前で請願が国会に提出されます。しかし、それ以外の議員は、そんな請願があったことも知らないでしょう。

そして、この請願は、各党が事務的に審査し、全ての政党が同意した時に初めて採択されるのです。特に与党は、政府の政策と異なる内容の請願は受け入れませんから、私の個人的な経験からいえば、ほとんどの請願は採択されず、「保留」とされます。保留といっても事実上、お蔵入りです。二度と陽の目を見ることはありません。

いろんな問題で、この請願が提出されます。しかし、委員会によっては、請願の題名以外が議員の目に触れないこともしばしばです。ですから私は、請願を出そうと思うという相談を受けると、お勧めはしませんと申し上げてきました。

それでも会期ごとにたくさんの請願が提出されます。

もちろんはっきりとした目的があって、それを実現するために請願という手法があるということを聞いて、目的のために必死になって請願を提出しようとしている方も多くいらっしゃいます。

しかし、請願に書かれた目的を達成するためではなく、別な目的のために請願を出していることも多々あると私には思えます。

請願を出す、もっといえば請願のために署名を集めること自体が目的となっていることがあるのではないでしょうか。つまり、請願を出すということを大義として掲げ、そのために活動をさせることによって、組織を活性化する、組織を守る、あるいは組織を拡大することを目的にしていることがしばしばあるように感じます。

それがいけないというつもりはありません。しかし、本来の目的を達成するためなら、もっと別なやり方があるはずなのに、という不思議感を私はずっと持っています。

自民党によるかつての長期政権は、政権を担当するのは自民党、それに反対はするけれどずっと万年野党の社会党という構図を定着させました。それと同時に、自民党を支持して、献金をしたり、選挙の支援をする見返りに自分達の要求を取り入れてもらおうという業界団体と、自民党に反対し、デモをはじめとする反対活動を行って気勢を上げる左翼団体というグループ分けがそこでできたような気がします。本来は、選挙で政権交代を実現し、政策変更を勝ち取るというのがオーソドックスな民主主義なのでしょうが、社会党に政権を取る気がなかった以上、その政権交代は実現可能なものではありませんでした。

それが結局、実現できない大義のためにデモをする、抗議集会を開くという活動になっていったのだと思います。そしてどうせ実現できないならば、下手に妥協した要求を出すのではなく、最も過激なスローガンを訴えるということにつながっていったのではないでしょうか。

政策を実現するためには

結論に向かって私はこう書きました。

1996年に初当選して、最初に私が手がけたことは、遺伝子組み換え食品に表示をつけることでした。アメリカの農務省に単身乗り込んで、科学的な表示ならば異論はないという言質《げんち》を取ってきて、科学的に検証可能な、そして流通過程でも現実に運用ができる表示方法を考え、役所にそれをそのまま受け入れさせました。自民党が積極的に消費者問題に関わった第一歩だと思います。

この時に、あるフランス語が得意な主婦の方から、フランス語で発信されたEUの情報をものすごくタイムリーに翻訳して送っていただきました。厚労省や農水省が知るよりも先に、EUがこの問題でどう動こうとしているか、知ることができ、大変役に立ちました。

反対に、この問題で、やたらと極端な例を持ち出して不安を煽ろうとするグループもありました。100%否定できないことは全て起こりえるから、全てそれを排除しろという非現実的な主張に辟易としました。

また、動物愛護法の改正が国会で議論された時に、動物愛護の問題に関わってこられた多くの方々は、「全ての動物実験を禁止する」という主張をしていれば法改正は実現しないという現実を受け入れ、多くのグループを結集して法改正に盛り込むべき優先順位を決め、見事それを実現させました。
　現実をしっかりと見て、実現可能な要求はどこまでか、関わっている人間が最大公約数として受け入れることができるのはどういうことかを、きちんと見極める判断力と、なぜそれが必要なのかをわかりやすく豊富なデータで世の中と政治家に説明する能力、その意見に反対するグループともきちんと議論できる常識、こうしたものを兼ね備えた人たちが展開するロビー活動が、政治を動かしたのです。

　東京電力福島第一原発の事故以降、とても多くのメールをいただくようになりました。そして、そのたくさんのメールの中に、私に何ができるでしょうかという同じ質問が書かれていました。ただ、最初、私は、その質問を文字通りに受け取ってはいませんでした。ところがある日、その質問を書いたある一人と偶然に話をする機会があり、彼女が本当になにか自分にできることはないのか質問していたということを知りました。私はびっくりしましたが、地元の国会議員の事務所を訪ねて、あなたの気持ちをそのまま伝えてくださいとお願いしました。そして、もしかしたらと思って、ブログに地元の国会議員の事務所を訪ねてくださいと書いたのです。その後、さらに多くのメールをいただき、本当にそんなことしても良いのかという質問をたくさんいただきました。もちろんです。だって、国会議員は皆さんが選んだわけですから、皆さんの思いを実現するために働くのが仕事のはずです。

政策を実現するためには、まず、しっかりそのことについて学ぶ。目的を共有する多くの人々を集め、組織化し、最大公約数の要求をとりまとめる。そして、なぜそれが必要か、きちんとデータを集め、わかりやすく世の中に、そして政治家に説明していく。この活動が不可欠です。しかし、残念ながら、今、呼びかけられているデモの多くは、こうした活動に踏み込んでいません。

天気の良い日曜日の午後、知り合いと楽しく数キロ歩く。そんなデモは、きっと楽しいでしょう。でも、そんなデモが行われたことをいったい何人の政治家が知っているでしょうか。

他方、東京電力と電事連、そして原発利権を共有する人たちは、歯を食いしばって議員会館を一部屋ずつ、説明して回っているのです。直接、議員に自分達の考え方を伝えて、支援を訴えているのです。楽しいデモとの効果の差は歴然としています。

もし、銀座を100万人の人が行進するのなら、そんなデモは大いに意味があります。もし、宮崎駿監督と坂本龍一さんとAKB48となでしこジャパンが一緒に行進したら、メディアも大きく取り上げてくれるでしょう。大いに意味があると思います。

しかし、そうではない、国会議員が誰も行われていることすら知らないようなデモに、原発政策を変える力はありません。それならば、直接、地元の国会議員の事務所に押し寄せて、あなたの思いを伝えてほしいのです。それが物事を変える第一歩だと思います。

自分のことは自分で、みんなのことはみんなで

再稼働には反対する、新しい規制組織は完全に独立した機関にしてほしい、あれだけの事故を起こした東京電力は破綻させるのがスジだ等々、私の事務所にも、大勢の方からの声が寄せられました。

そして「東京電力からこんなお願いの手紙が出ているけれど、このやりかたはおかしくないか」というひとりの方からの相談を東京電力に問い合わせてみた結果、東京電力の一方的な値上げ通告は断れるということがわかったのです。値上げを断ることは可能です、ということの話はテレビでも新聞でも取りあげられ、あっという間に世のなかに広まっていきました。

一億二〇〇〇万人全員で政治をおこなうことができないから、議員を選んで政治を任せるのです。だからこそ、あなたの想い、あなたの声をつねに議員に知らせておく必要があるのです。議員があなたの声に耳を傾ける義務があるのと同じぐらい、あなたにはあなた自身の声をあげる必要があります。

国をよくするのは議員だけの仕事ではありません。国民みんながやらねばならない仕事なのです。しかし、すべての国民がそれに掛り切りになっているわけにもいきません。だから議員を選んで、国民に代わって仕事をさせているのです。その議員に、みなさんの声をしっかりと聞かせるのはみなさんの役割です。でも、みなさんの仕事はそこで終わりではありません。

東日本大震災で世界から賞賛されたのは、日本人の心であり、日本人の行動力です。いまの日本、マイナス面を見ればキリがありませんが、その一方で一人ひとりの日本人におおいに励まされることもたくさんあります。

東京電力福島第一原発の事故によって避難を余儀なくされた方々がたくさんいます。そのなかに、あるひとりの農家のおばちゃんがいます。どこにでもいる、ふつうの農家のおばちゃんで、原発事故がなければ、きっと毎日田んぼや畑に出て、米や野菜をたくさん作っていたことでしょう。そのおばちゃんが大切にしているもののひとつに、カボチャがあります。おばちゃんの地域のために開発されたカボチャの品種を守っていくことが生きがいのひとつだと聞きました。

そのおばちゃんは避難先でもカボチャを作ることにしたそうです。事故前と同じようにカボチャはりっぱにできました。でも、そのときに考えたそうです。丸々と太ったこのカボチャを出荷したら、こんどは自分が加害者になってしまうかもしれない。日本政府の食品の安全基準を信じる気にはなれなかったので、自分でいろいろ調べてみるとウクライナの食品の放射能基準がいちばん世界で厳しいようでした。そこで、自分が丹精したカボチャをその基準で検査してもらったら基準をじゅうぶんにクリアしたので、堂々とそのカボチャを出荷したというのです。

政府を盲信せず、また、なんの根拠もなく批判することもせず、自分の頭で物事を考え、自分の足で情報を探し、自分で判断する、こういうおばちゃんのような人が、これからの代表的日本人です。

歴史をふりかえれば、日本人は、自分のことは自分で、そして、みんなのことはみんなでやってきました。家族でできること、地域のコミュニティでできることは自分たちで相談し、自分たちで役割を分け、それぞれが担ってきました。まさに自立した人による自治が実践されてきたのです。

社会には、「公」の部分と「私」の部分があります。「公」とはみんなにとってよいこと、「私」とはそれぞれの個人や家族にとってよいことです。農耕民族だった日本人は、かつてこの「公」の多くを「みんな」でやってきました。みんなの暮らしのなかで必要なことを、みんなで集まって相談して、みんなで実行する。それが日本の地域社会でした。地域の田んぼの水管理や村のお祭りに始まって、家族の支えあい、地域の支えあいなくして、日本が大切にしてきたことを語ることはできません。

「お客さま」になり下がった人びと

ところが、いつからか、「公」は「官」がやることになってきました。いつのまにか、日本人は、自分で考えて決めるよりも、自分たちにとって大切だと思われることであっても物事を「官」に決めてもらうことに慣れていったのです。

その流れは、「みんな」つまり「民」は税金を支払い、「官」はサービスを提供するという構造を生み出しました。われわれはお金を払っているのだから、役所はわれわれが望むように、早く、ちゃんとやってあたりまえ、というようになっていきました。

市役所に行くと、市民のことを「お客さま」と呼ぶところがあります。「すぐやる課」なる部署をつくって市民から要請を受けたらすぐに対処することを売りにしている行政もあります。いつから市役所はサービス業になってしまったのでしょうか。いつから市民はサービスを受ける立場、行政はサービスを提供する組織になったのでしょうか。

日本国憲法には、日本の主権者は国民であると書いてあります。主権者という言葉の意味を真剣に考え、実践している国民がどれだけいるのでしょうか。

お客さまと主権者はまったく逆の概念です。主権者であるはずの「みんな」は、いまは「お客さま」になってしまっています。市役所が市民をお客さまと呼ぶ裏側には、自覚すらしていないかもしれませんが、あなたたちは「たんなる」お客さまなんですよという気持ちがあります。本来、主権者であるはずの市民が、いつのまにか知らないうちに、お客さまになってしまいました。「お客さま」は提供されたものに文句を言うことはできますが、提供されるものを決めることはできません。もはや「主権者」ではありません。選挙に毎回行っているから自分は主権者だという人がいるかもしれませんが、それは主権者としてのごく一部を担っているだけなのです。

しばしば個人や家族の自立を訴える政治家がいますが、そんなことは、あたりまえです。そのうえで、地域全体、国全体として自立した社会をめざさなければならないのです。誰かに考えてもらう、決めてもらうではなく、めざすべきは、みんなで考え、みんなで担う社会です。

たとえば、長野県栄村では、道普請《みちぶしん》といって、自分たちの規格で、自分たちの道路をつくっています。国の規格で道路を造れば国から補助金をもらえますが、将来の負担も考えれば過剰な投資をすることになり割高となってしまうのです。このように、行政のサービスのなかには「官」がわざわざやるよりも、「自分」でやったり「みんな」でやったりしたほうが安く、上手にできるものがたくさんあるはずです。

ところが、いまの日本では、当事者であるはずの「みんな」が「お客さま」になり下がり、かつて自分たちが自分たちのためにやってきたようなことまで、税金を支払ったのだからサービスをやれと要求するようになりました。

「官」の変質と堕落

ほんとうならば、みんなから集めた税金には限りがあるので、すべての要求には応えられるはずはなく、時には、「お客さま」に我慢してもらわなければなりません。しかし、「お客さま」に説明して、納得してもらうのはたいへんです。どうせ元は「お客さま」のお金なんだから、「お客さま」が望むようにしてあげたほうが、説明して我慢してもらうよりも役所は楽だと考えるようになりました。

高度経済成長期、日本経済が発展するとともに税収も増えていった時代に、「官」は、年金をはじめとする社会保障の大盤振る舞いをはじめました。そして一度伸ばしてしまったものは、こんどはそう簡単に縮められません。ひとたびそのサービスに慣れてしまった「お客さま」は、もはやそのサービスをあたりまえのものだと感じはじめました。いま、わが国が抱える一〇〇〇兆円もの借金は、こうしてできていったのです。

国民を「お客さま」扱いするようになった「官」は、よけいな干渉を受けることなく物事を自分たちだけで決められるようにシステムを変えていきました。それと同時に「官」はだんだんと「お客さま」の判断を信頼しなくなっていきました。

「お客さま」には正しい判断ができないから、「お客さま」に判断をさせてはいけない。

「官」が正しい判断をして、それを「お客さま」にお伝えする。

「お客さま」が混乱するといけないから、「正しい判断」をするために必要な情報を、まず「官」が選別する。

「官」の情報独占はどんどん進んでいきました。

「お客さま」づらする「みんな」、「お客さま」に判断をさせない「官」という構図。それがいまの日本という国のカタチなのです。

あの福島第一原発の事故がそのいい例です。政府がまず考えたことは、国民がパニックを起こすことを防ぐということでした。だから外国に公開されたさまざまなデータですら、国内では、公開されませんでした。いち早く国外には情報提供されていたＳＰＥＥＤＩのデータは、国内では秘匿されつづけました。

情報をきちんと流しつづければ、それにもとづいて国民がそれぞれ最適な行動をとるとは、「官」は考えませんでした。不快なデータに怯えた国民が理性を失った行動をとることを防ごうとしたのです。わが国の政府は、あの危機にさいしても、国民を信頼しませんでした。そしてその結果、国民も政府を信頼しなくなったのです。

私たちは、もう一度、国民が、自分たちで判断し、物事を決める世のなかに戻さなくてはなりません。

国民一人ひとりが「お客さま」であることをやめ、主体的に物事を決める主人公となって、この国の進む道を決める手立てを取り戻さなければなりません。

なぜバラマキが起きるのか

小泉内閣がプライマリーバランス（基礎的財政収支）の赤字を極小化し、あと一息で黒字化できるところまでもっていったにもかかわらず、その後のリーマンショックは大幅な景気刺激策につながり、さらに政権交代後の民主党政権のバラマキで、財政は急速に悪化しました。ギリシャの財政破綻という他人事ではない事件が起きても、この流れは変わらないようにみえます。

次世代につけを回さないためにも、財政改革をしっかりやりきらねばなりません。

内閣府の試算では、社会保障と税の一体改革の素案通りに、消費税が二〇一四年、二〇一五年と段階的に一〇パーセントまで引き上げられ、さらに二〇二〇年度まで名目三パーセント、実質二パーセントの成長を実現し、物価上昇率が二パーセントになったベストシナリオの場合でも、二〇二〇年度にプライマリーバランスを実現するためには一〇・二兆円の歳出削減が必要になります。

もし成長率が名目一パーセント台なかば、実質一パーセント程度にとどまった場合、消費税の一〇パーセントへの引き上げを考慮しても二〇二〇年度には一五・五兆円の歳出削減が必要になります。

もし国民が政治家を信頼していれば、政治家の話に耳を傾けるでしょう。もし信頼のある政治家が、財政赤字や社会保障の世代間格差について話をすれば、財政破綻を避けるために、あるいは次世代のことを考えて、国民は我慢するでしょう。政府が集める税金を、長期的な視野で使おうという世論ができるでしょう。

しかし、国民が政治家を信頼していないと、政府が集めた税金の使いみちは短絡的になります。政治家に任せておいたら税金がムダに使われてしまうと国民が考えれば、集めた税金をはやく自分たちのために使ってくれ、つまり将来のことは考えずに今、自分たちにバラマキをしてくれという要求が出てきてしまいます。

バラマキが起きるのは、国民が政治家を信頼していないためだと言っても過言ではありません。政治家や政治にたいする不信感が、財政を危機的状況にまで追いこんでいるのです。

私たちが守るべきものとは

自民党は、保守政党だと自任してきました。しかし、日本の保守主義とはなんなのか、その定義が曖昧なまま、保守主義者を自任する人びとがそれぞれの定義で物事を議論し、混乱させてきました。本来、保守主義とは、度量の広い、中庸な、そして温かいものであったと私は思いますが、最近の「保守」主義は、日本でも、アメリカでも狭量な、のりしろの少ない保守主義に陥っています。

国を閉ざし、自由貿易を否定し、保護主義で競争力のない自国産業を守ることは、けっして保守ではありません。一部の保守を名乗る人間が、排他主義的な外国批判を繰りかえしていますが、これが保守主義とはまったく相容れない活動であることは言うまでもありません。

保守主義が本来、めざすべきものはなんなのでしょうか。それは、平等な機会が提供され、努力した者、汗をかいた者が報われる社会であり、勝者が称《たた》えられ、敗者にはふたたび挑戦する機会が与えられ、そして競争に参加できない者をしっかりと支える国家です。

さらに、日本を日本たらしめているもの、たとえば長い歴史と文化に裏づけられた天皇制であり、これらによって形作られた日本語といったもの、もっと具体的には、この島国のなかで私たちの先祖がそれぞれの地域で創りあげてきた文化、たとえば方言であり、集落や街並みであり、そこに残る地名であり、地域の人びとがしっかりと守ってきたお祭りです。こうしたものを次の世代にしっかり引き継ぎながら、つねに新しいものを加えてきたのが保守主義者です。

一人ひとりの顔が見える地域のなかで、みんなが参加して創りあげるコミュニティを大切にしながら、国民にできるかぎり近い場所でみんなの課題を解決していくという、本来の保守政治に、私たちはいま、戻らなければなりません。

もう一度、国民が参加してこの国の未来を決めるわかりやすい政治が必要です。そのためには、国よりも都道府県、都道府県よりも基礎自治体のように、なるべく日々の暮らしに近いところで物事を決められるようにしなければなりません。それはとりもなおさず、地方分権、地域分権ということでもあります。

わかりやすい政治を国民に取り戻す。これが私が実現する政治です。それは一言でいえば(こういう言いかたはすでにあるのかもしれませんが)「超日本」ということになると思います。

戦前のわが国の多くの人びとは近代化を進めると同時に、石橋湛山などの一部の例外を除いて「大日本」を目指してひた走り、ついには無謀な大戦争を引き起こして国家を瓦解させてしまいました。その反省に立った私たちの先輩たちは「新日本」を築くべく必死に働き、世界を驚かせる復興をなしとげたわけですが、いま私たちはそれを超えた新しい地平を切り拓くべきところにきているのではないでしょうか。

「超」という漢字には〝乗り越える〟〝はるかに超える〟〝その先へ行く〟といった動詞的意味があります。英語だとsupersedeでしょうか。これまでの日本を改造するのではなく乗り越えてゆく勇気、浮き足立って「脱日本」などとは言わぬ気概が必要です。

いっぽうで「超」には〝極度の〟〝最高の〟〝かけ離れた〟といった接頭辞の役割、英語でいうsuperの意味があります。この場合、「日本らしさを極めつくして世界をリードする」という方向性が見えてくるではありませんか。

大日本から新日本、そして超日本へ……。以下、六章にわたって私の考えを記します。読み終わって読者のみなさんのご意見をいただけることを心から願っています。

第一章 経済成長のためになすべきこと

私の約束

河野太郎政権ができたら

①人、物、金、情報が集まる公平で効率的な市場をつくります
②経済成長を実現するために、自由な経済活動ができるようにします
③真の弱者を支え、敗者がふたたび挑戦できるセーフティネットをつくります
④各分野の既得権を廃止し、自由に市場参入できるようにします
⑤経済の妨げになっている誤った政策を廃止します

1 構造改革が日本経済を疲弊させたのではない

世界は大きく変わる

一九九〇年の世界経済は、国内総生産（GDP）で世界の二八パーセントを占めるアメリカ、合計して二六パーセントを占めるヨーロッパの五ヵ国（英、仏、独、伊、スペイン）、そして単独で一四パーセントの日本の三極構造でした。中国のGDPシェアはまだ二パーセント、インドは一パーセントにすぎず、その他の国々をすべて合計してもGDPシェアは二九パーセントでした。

しかし、世界はそこから大きく変わりました。

日中のGDPは二〇一一年に、日本の五兆四五八九億ドルにたいし、中国は五兆八七八二億ドルと入れ替わりました。そして、二〇一一年のIMFレポートと二〇〇七年のゴールドマン・サックスのレポートによれば、二〇二〇年には中国のGDPは一六兆一三六七億ドルへと成長し、七兆三八〇四億ドルの日本の二倍を超えることになります。中国は二〇二六年にアメリカを抜き、世界一の経済大国となります。

それだけでなく、インドのGDPが日本を二〇二七年に抜き、マレーシア、インドネシア、タイ、フィリピン、ベトナムの五ヵ国（オリジナルのASEAN〔東南アジア諸国連合〕からシンガポールを除いてベトナムを加えた国々）のＧＤＰ合計も日本を二〇二八年に超えていくことになります。

二〇三〇年の世界経済は、中国が全世界のＧＤＰの二一パーセントとアメリカを凌ぎ、アメリカ一八パーセント、ヨーロッパ五ヵ国一三パーセントが続き、さらにインドも六パーセントと日本の四パーセントを上回るとされています。

一人当たりＧＤＰを見ても、アジアではすでにシンガポール、オーストラリアが日本を上回っており、さらに成長を続けることが見こまれます。

一九八一年に、日本の一人当たりＧＤＰが一万ドルを超えました。その年、おとなりの韓国の一人当たりＧＤＰはまだ二〇〇〇ドルにも達していませんでした。一九八七年には日本の一人当たりＧＤＰは二万ドルを超えましたが、韓国は三五〇〇ドルでしかありませんでした。一九九二年には日本は三万ドルを超え、韓国は八〇〇〇ドル弱にまで成長しました。そして、一九九五年に韓国が一万ドルを超えたとき、日本はその四倍、四万ドルを超えていました。

ある韓国のビジネスマンが、そのころをふりかえって言いました。

「韓国の一人当たりＧＤＰが一万ドルを超え、いよいよ先進国の仲間入りだと思って喜んだが、隣の日本を見たら四万ドルを超えていた。日本はすごい、かなわないと思った」

しかし、一九九八年には日本の一人当たりＧＤＰは三万ドルにまで後退し、二〇〇七年に韓国が二万ドルを超えるまでに成長したとき、日本は三万四〇〇〇ドルでした。おなじ韓国のビジネ

スマン曰く、

「十二年間で韓国の一人当たりGDPは二倍になり、二万ドルを超えた。しかし、こんど、日本を見たら、日本はまったく成長していない。昔はそんなことは考えられなかったが、ひょっとすると日本を抜けるかもしれないと思うようになった」

いまのトレンドでいけば、韓国も二〇二六年に日本の一人当たりGDPを抜き、二〇三〇年には一人当たりGDPが八万四七〇四ドルと、そのときの日本の六万九五五六ドルに水をあけることになると予測されています。

二〇五〇年には中国が全世界のGDPの二五パーセントを占め、アメリカがかろうじて一四パーセントで続きますが、インドが一二パーセントと第三位に進出します。ヨーロッパ五ヵ国は八パーセントですが日本経済は、わずかに二パーセントにとどまります。

一九八〇年代にジャパンアズナンバーワンと言わしめた日本経済は、影も形もなくなってしまいます。

かつてG8が仕切っていた世界は終わり、G20の時代になりました。いまやこの二〇ヵ国で世界のGDPの九割、貿易額の八割、人口の三分の二を占めるようになりました。

このような状況にあるということを認識して、わが国の経済をもう一度立て直すために何をするかを議論しなければなりません。

このままいけばNDC

二〇〇一年から二〇〇七年まで、日本の景気はいざなぎ景気を超える拡大局面にありました。しかし、現実には円安を背景に自動車、電気、鉄鋼、機械の輸出型四業種が景気拡大を引っ張り、生産性の低い産業はそのまま置き去りにされ、構造改革は進みませんでした。二〇〇一年から二〇〇七年に輸出型四業種の営業利益は約一〇兆円、この四業種以外の産業は合計すると一・五兆円の損失を出しています。

輸出型四業種も必ずしも安泰ではありません。

たとえばガソリンエンジンの自動車が電気自動車に替われば、これまでのエンジンやトランスミッションの技術は必要なくなり、世界の誰もがモーターで車輪を回す自動車を作ることができるようになります。そうなると日本の自動車メーカーの優位性はたちまちなくなってしまいます。日本の得意なテレビがブラウン管から液晶になったとたんに、誰もが同じような画質の製品を作ることができるようになり、日本のテレビ産業が衰退したのと同じことが、自動車業界で起きうるのです。

一九九〇年代後半から、さまざまな製品分野で、日本企業が競争力を失い、世界シェアを急速に失うことが目立ってきました。世界シェアが一時は八〇パーセントを超えていたカーナビ、リチウムイオン電池、液晶パネル、DVDプレイヤーなどは、わずか五年で世界シェアが半減しています。

一方、日本経済のサービス化はどんどん進んでいます。

製造業のGDPシェアは一九八八年に二七・二パーセントだったのが、二〇〇八年には一九・九パーセントまで縮小しました。一九八八年に一七一八万人だったサービス業の就業者は、二〇〇九年には二二三九万人まで増加しました。しかし、二〇〇一年から二〇〇七年の景気拡大局面で、サービス業合計で二兆円以上の営業損失を出しています。サービス業は、規模は拡大しつつも、生産性は低く、しかも改善があまり見られません。サービス業の労働生産性の改善は一九九一年から二〇〇七年のあいだ、年率換算わずか〇・三パーセントにとどまっています。

マッキンゼーがおこなった分析によると、自動車や電機といった輸出向けの製造業の生産性がアメリカ経済より二割高いのに比べ、国内向けの製造業や国内のサービス産業の生産性は、アメリカより四割も低くなっています。とくに卸売・小売業、建設業、サービス業、農業、運輸業といった産業は、生産性の改善が見られず、競争力が弱いまま、放置されています。

その結果、日本の労働生産性は、先進七ヵ国のなかで最下位です。OECD全加盟国のなかでは第二十位。財政破綻が話題になっているギリシャと同じくらいに、日本の労働生産性は低かったのです。

こうした国内産業の生産性を上げるためには規制緩和による競争が必要だと考えます。日本経済のなかの非効率的な規制やルール、慣習を撤廃し、税制を改め、わが国の市場を世界でもっとも効率的で公平なものに作りかえることによって、世界中からヒト、カネ、モノ、情報を日本に集めなければなりません。そこで生まれる新しいサービスや商品が雇用を生みだし、国民所得を高め、国民が世界で最高レベルの生活水準を享受できる経済につながっていくのです。

輸出型四業種以外の産業の生産性をどうやって向上させていくかが、これからの日本経済の成長の鍵を握っています。

「生産性がすべてというわけではない。しかし、長期的にみるとほとんどすべてだ」（ポール・クルーグマン）

限られた数の先進国を中心としていた世界経済が、アジアを中心に多極化しながら成長しているなかで、日本の地位をふたたび築いていくためには、相当なスピード感が必要です。そして、日本にはもう後がない、このままいけば「新興衰退国」（ＮＤＣ：Newly Declining Country）という日本だけの新しいカテゴリーができてしまうという強い危機感を、いま私たちは感じなければならないのです。

議論の前提となる正しい数字が必要！

経済の議論をはじめる前に、わが国にはどうしてもやらなければならないことがあります。中立的な「将来推計」の作成です。

ＴＰＰ（環太平洋経済連携協定）への参加をめぐる議論のなかで、野田政権下で出された推計には、内閣府によるマクロ経済モデル、農林水産省による影響試算、経済産業省による影響試算があります。ところが、この三つの試算は、お互いにまったく整合性のない、勝手な前提を基につくられた試算でした。

また、厚生労働省がおこなっている年金再計算では、運用利回りや賃金上昇率などが高め高めに設定され、年金財政は好転するようになっています。社会保障国民会議などでは、基礎年金をめぐる試算で、税方式を計算するさいには必ず、非現実的な設定がおこなわれて、現行制度のほうがよいという結論が導き出されるようになっています。

政策を立案し、検討しようというときに、その議論の基になる数字そのものが役所の手によって捏造、改竄《かいざん》されていては、正しい政策議論ができません。データもモデルも開示されず、政府内でも前提が違うさまざまな数字が恣意的に使われているという現状を、まず、改めなくては経済政策や社会保障政策の議論ができません。

各省が勝手な推計をするのではなく、まず、政府内に、各省から独立した専門的な機関を設置する必要があります。そして、

(1)推計を一元化する
(2)前提条件や推計のロジックを整合させる
(3)データやモデルを開示する
(4)他の機関による検証を促していく

これにより、政策的に中立な、議論の基になる数字を活用することができるようになります。

いまさら、こんなことを議論しなければならないのもどうかと思いますが、これなしでは改革は進められないのです（この問題については他の章でも折りに触れて言及します）。

新しい政治の対立軸を

財政を再建し、年金をはじめとする社会保障を安定させるためには、経済成長が不可欠です。日本には、優雅に衰退していくという道は残されていません。経済成長が実現できなければ、財政はいずれ破綻し、年金をはじめとする社会保障制度は崩壊します。

しかし、ＧＤＰ比二〇〇パーセントを超えるような財政赤字を抱えた政府に、これまでのような財政出動による景気刺激策を求めるのは、もはや現実的ではありません。同様に、ゼロ金利が長く続いたわが国で、経済成長のための金融政策をとることもできません。

われわれが取りうる選択肢は、限られています。まず、高度な経済連携協定を締結することで、貿易を自由化し、さらに対内直接投資を呼びこむこと。自民党の長期政権が作りあげた既得権をなくし、自由な競争を促進するために、規制撤廃をおこなうこと。そして、自由な経済活動を阻害し、経済の効率性を低下させている誤った政策を廃止すること。セーフティネットを整備し、思いきった挑戦を可能にすること。教育など、生産性の向上に必要なことに資源を振り向けていくこと。そして、財政再建を実現し、財政破綻による危機を回避することです。

民主、自民二つのバラマキ政党の対立という悲劇的な政治の現実を改め、経済成長・改革・小さな政府・開国vs.再配分・既得権保護・大きな政府・鎖国という明確な政治の対立軸を作りあげていかなければなりません。

市場に代わるしくみは存在するか？

戦後の日本は西側に与し、資本主義経済のなかで国家を発展させる道を選んできました。その選択は正しいものでした。社会主義経済はソ連をはじめことごとく崩壊し、冷戦は終結しました。そして日本国民の多くは、今後も、日本は資本主義経済の国家として生きていくことを望んでいるはずです。

しかし、市場原理主義が日本社会に格差を生み出したとか、構造改革で日本経済は疲弊した、あるいは、なんでもグローバルスタンダードに合わせればいいというわけではないといった反論が必ず出てきます。民主党政権の鳩山由紀夫元総理にいたっては、所信表明演説のなかで、「市場にすべてを任せ、強いものだけが生き残ればよいという発想や、国民の暮らしを犠牲にしても、経済合理性を追求するという発想がもはや成り立たないことも明らかです」などと述べています。

もちろん市場は万能ではありません。たとえばどんなにインターネットが普及したとしても大企業と一人ひとりの消費者のあいだの情報の非対称性は解消されないでしょうし、チューリップバブルからサブプライムローンまで市場は時として一方的に暴走し、そしてそれがはじけるということを繰りかえしてきました。

しかし、それでも資本主義経済のなかでは市場に代わるしくみは存在しません。市場を国家権力による計画でコントロールしようという共産主義の強権的な試みは、市場よりはるかに非効率で悪質だということを人類は二十世紀に学んできました。ですから、自由主義経済のなかでは、市場メカニズムを最大限効果的に利用して、経済を動かしていく以外に選択肢はないのです。

鳩山元総理が言うような「市場にすべてを任せ」ればすべての問題は解決すると思っている人などは現実にはいません。われわれは、市場にすべてを任せるか市場と戦うかという選択を迫られているのではなく、何が市場で解決すべきことで、何が市場では達成できないことなのかを見きわめることを求められているのです。

民主党政権はマニフェストで、子ども手当や所得制限のない高校の無償化、戸別所得補償など政府によるさまざまな富の再分配を約束しています。その財源を確保するためには社会保障改革なしの消費税増税も必要かもしれません。しかし、われわれは、戦後の日本経済のインフレ抑制のためのドッジラインで知られるジョセフ・ドッジが残した有名な言葉を噛みしめなければなりません。

ドッジ曰く、

「富はまずこれを創造してからでなければ分配できない」

勝てないプレイヤーをどうするのか

需要と供給によって価格が決まる市場のメカニズムは、それを妨げる規制が少なければ少ないほど健全に機能します。需要と供給以外の要素が増えれば増えるほど、市場は公平ではなくなります。公平な市場ならばより優れたプレイヤーがより多くの利益を得ることができる確率は高まりますが、公平でない市場では、しばしば劣ったプレイヤーが表には出てこない理由でより多くの利益を得られたりすることがあります。

コネがものを言うような市場では、コネのあるプレイヤーが明らかに有利になります。しかし、コネがあるプレイヤーが優れたプレイヤーであるとはけっして言えません。いや、優れたプレイヤーならば、コネがあっても、コネがものを言う市場でコネにものを言わせたりしません。なぜならば、コネがものを言うためには、なんらかの対価を支払わねばならず、それは利益を下げることになるからです。だから優れたプレイヤーならば、コネがなくとも勝てる市場で、利益を最大化する道を選ぶことでしょう。

競争力以外のことが必要になる市場は、一部の特殊なプレイヤーにとっては魅力的かもしれません。しかし、それ以外の多数のプレイヤーは、自分の力以外の要素で勝負が決まる市場で、裏をかかれることを心配しながら勝負をするよりは、公平な市場で勝負することを選ぶことでしょう。だから全世界からプレイヤーを集めるためには、日本の市場を、公平で効率的な市場にしなければなりません。

市場経済のなかではすべてのプレイヤーが勝者になることはできません。資本主義というのは、勝者と敗者がいるから成り立つものです。敗者を作り出すことをおそれては、資本主義を実践することはできません。敗者を作り出したくなければ、共産主義のなかでみんな等しく貧しくなる道を選ぶしかありません。

しばしば混同されますが、敗者イコール弱者ではありません。市場で競争して敗れたプレイヤーは、保護するのではなく、再挑戦する機会を保障することが大切です。

日本には、世界市場のなかでは競争ができない、正確には競争して勝てないプレイヤーが多数存在しているのも事実です。だから市場を世界に開放してしまってはそうしたプレイヤーが存在できなくなる、彼らを守るために市場を一部閉鎖するべきだという議論があらゆるところでおこなわれています。しかし、その結果が、バブル崩壊後の現在の日本経済です。

一部の勝てないプレイヤーを保護するために市場を閉鎖したとしても、弱いプレイヤーの競争力は上がりません。結果、価格は上がって消費者の負担が増え、あるいは弱いプレイヤーを守るための補助金で、国の財政負担が増えました。日本の国家財政は、もはやこれ以上、赤字を野放図に増やすことはできません。

ひとつの弱い産業を守ることによって、他の産業の競争力も損なわれてきました。競争力のない地方の空港を守るためにむりやり路線を維持させられた航空会社は体力が損なわれていきます。事実上、地域独占が認められている電力会社によって非常に高く設定された電力料金は、いろいろな業界の足を引っ張っています。

勝てないプレイヤーをこれ以上守るのではなく、勝てるプレイヤーになるか市場から退場するかの選択を求めざるをえません。

構造改革が日本経済を疲弊させたのではなく、構造改革をやりきらずにきたことが日本経済を破綻寸前まで追いこんだのです。構造改革は、もはや選択肢のひとつではありません。構造改革によって、それぞれの産業を自立させ、競争力をつけさせる以外に日本が取ることができる道は残されていません。

セーフティネットがあるからこそ

構造改革によって、日本市場にも競争が戻ってくることになります。競争が起これば、勝者と敗者が生まれることになりますが、敗者が生まれることをおそれてはいけません。時代が変わるとともに企業も変わらなければならないだけのことであって、変化についていけない企業は、市場から退場を余儀なくされ、それと同時に新しい企業が市場に参入し、新たな勝者となり経済の牽引車となっていくのです。

構造改革を実現するうえで陥りやすい過ちは、政府が日本の産業構造の未来図を描くことができると勘違いしてしまうことです。新しい経済とは、市場のなかでリスクを取って勝負するプレイヤーのなかから勝者が生まれることによって実現するものであって、政府があらかじめ絵を描いて創りあげるものではありません。それができるぐらいなら、社会主義国家の計画経済が失敗するはずがないのです。

構造改革のなかで政府が果たす役割は、構造改革を成し遂げるという強烈な意思表示をすることと、もっとも効率的な市場を創りあげるために障害となるものを取り除く、つまり不必要な規制を撤廃することです。未来はリスクを取って勝負をするプレイヤーのアイデアと汗のなかから生まれるものであり、リスクを取って勝負していない行政が創るものではないのです。

構造改革の実現に欠かせないことは、競争を下支えするセーフティネットと、勝者が社会を支えるための制度設計です。

敗者イコール弱者ではありませんが、そもそも市場で公平に競争することができない弱者にたいしては、市場メカニズムの外で安心を提供するしくみが必要です。

保守主義とは、自助自立を求めることだという政治家がいます。しかし、競争を通じて経済を発展させようというならば、自助自立だけで終わってはいけません。競争に負けてもセーフティネットがあるからこそ、誰もがリスクを恐れずに競争をすることができるのです。公平に競争ができないものにたいしては、社会全体で助けあう、それが保守主義というものです。

「敗者」と「弱者」を混同してはなりません。資本主義であれば、当然ながら敗者は生まれます。しかし敗者はすなわち弱者ではなく、一度は勝負に負けても、ふたたび勝負できるはずです。意欲ある人たちの再チャレンジを促進するために、雇用保険、職業訓練、金融制度などを整備、充実させることが大事です。

一方で、弱者というのは、たとえば身体に障害や難病を抱えている人など、他の人びとと同じスタートラインに立てず、公平な勝負ができない人のことを指します。そういう人は、当然ながら社会全体で支えるべきです。難病を抱えている子どもは両親だけでなく、地域や社会で面倒を見ることにします。社会保障改革を進め、弱者をきちんと支える制度設計をすることが重要です。

社会は勝者を称え、尊敬する。そして、勝者は汗を流して、稼いだお金の一部を社会のために使う。勝者は、税として政府を通じて社会に貢献するか、自分の価値観で自分の稼いだお金を使って社会に貢献するか、その選択肢を与えられるべきです。そのためには、税制改革をおこない、寄付をしやすい環境を作る必要があります。そしてこれも、政府に頼るのではなく、自分の考えで自分のお金を使って、社会にかかわるという二十一世紀型の日本人のあるべき姿なのです。

「富はまずこれを創造してからでなければ分配できない」というジョセフ・ドッジの言葉は、「日本国民は、まず均衡予算を要求し、その上で過大な支出、浪費、補給金の排除、多すぎる公務員の整理、および個人及び各種グループで解決できることを何でも政府に依存する態度を改めることなどに全力を集中するべきである」（日本語出典は九州大学篠崎彰彦教授）と続きます。半世紀以上が過ぎていますが、まさにそのとおりなのです。

対内直接投資とTPP、韓国経済との連携

一九九〇年からの二十年間で、国際的な直接投資は大幅に増えました。一九九〇年に世界全体の名目GDPにたいする対内直接投資の累積は一〇パーセントでした。それが二〇一〇年には三〇パーセントになりました。

直接投資は、たんに資本が増えるだけではありません。それにともなって技術、マーケティング、経営能力など競争力の強化に必要なさまざまなものがその国に入ってくることになります。

一九九〇年に対内直接投資の累積のGDP比が二一パーセントだったイギリスは、二〇一〇年には四八パーセントになりました。七パーセントだったフランスは三九パーセントへ、やはり七パーセントだったアメリカは二四パーセントに、ドイツは二〇パーセントへとそれぞれ伸びました。

アジアでも二パーセントだった韓国は一三パーセントへ、わずか一パーセントだったインドも一二パーセントへ直接投資を呼びこみました。

では、日本はどうでしょうか。

一九九〇年に名目GDPのわずか〇・三パーセントしかなかった日本への直接投資は、二〇一〇年になってもわずか三・九パーセントにしか増えていません。つまり、直接投資を呼びこむ国際的な競争に、日本は惨敗しているのです。

高水準の経済連携協定によって、対外的な直接投資も対内的な直接投資も、ともに拡大しま

す。それが経済を活性化し、成長をもたらすことになります。直接投資に関してこれまで非常に閉鎖的だった日本経済を、もっと積極的に開いていくことが必要です。

ＴＰＰは、世界的な投資ルールを統一することで、日本への直接投資を充実させていくための有効な手段になりえます。

海外からの投資を呼びこむためには、日本市場を魅力あるものにしていかなければなりません。統合が進むＥＵやＡＳＥＡＮ市場、あるいはアメリカや中国、インドといった巨大市場と比べても、日本市場が魅力的なものになるためには、ダイナミックな変化が必要です。

ＴＰＰも重要ですが、韓国経済との思いきった連携も重要です。

韓国市場も、いまのままでは国際的な投資を集めるためには小さすぎます。日韓の市場を統合し、この市場に投資をしたいと思わせるような市場規模と変化を実現しなければなりません。そのためには日韓の貿易を自由化するだけでなく、サービスも自由化しなければなりません。

たとえば日韓のあいだでは国内と同じように電話がかけられたり、テレビではお互いの放送局の番組を地上波で見ることができたり、さらに人の移動も自由にして、日本の医者が韓国で診察したり、韓国の弁護士が日本の法廷に立ったりすることができるようにするべきです。

輸出至上主義からの転換

石油や食料を輸入しなければならない日本は、輸出で外貨を稼がなければならないと思ってい

経常収支の推移

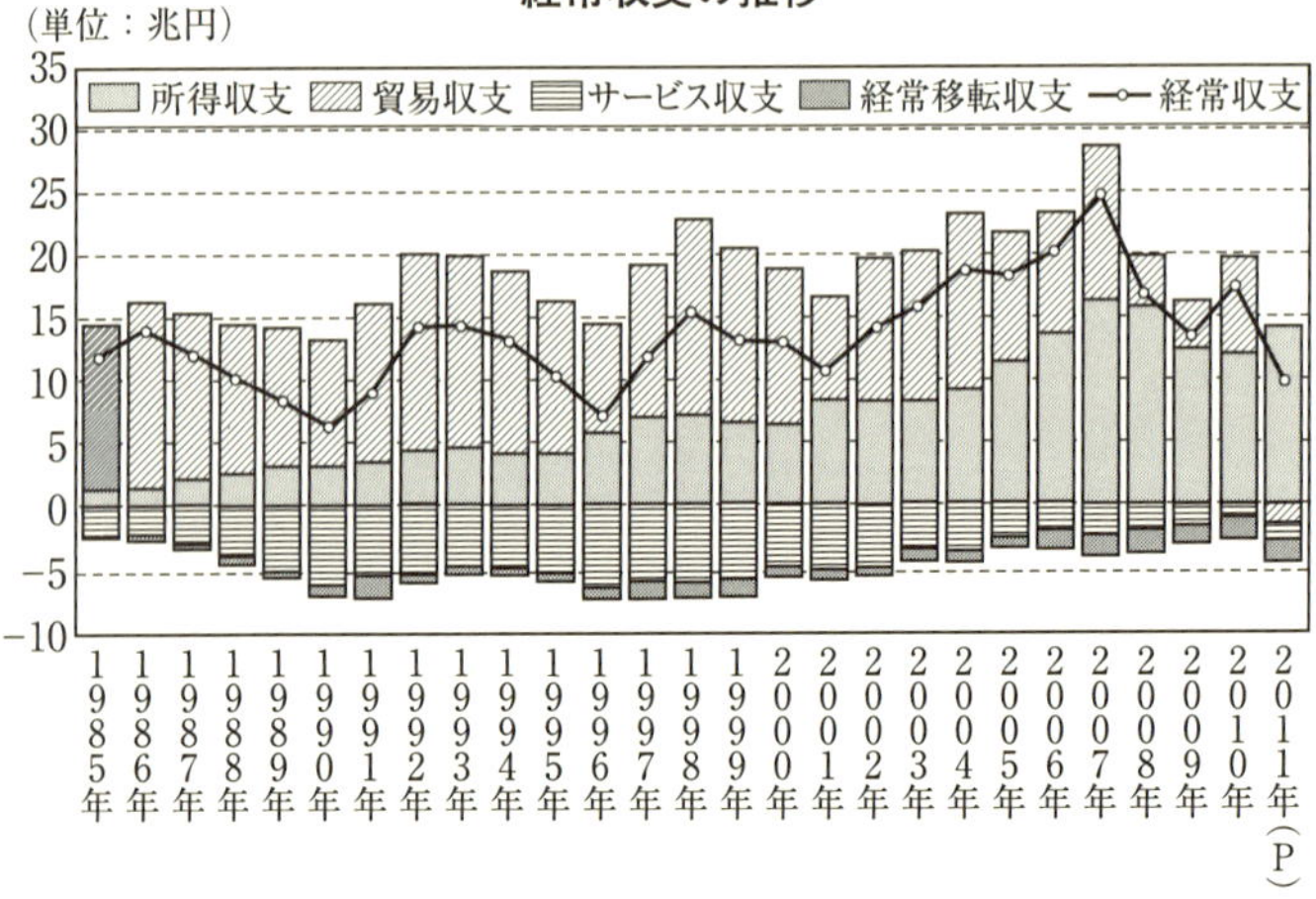

(備考)Pは速報値をあらわす。　【財務省国際局為替市場課】

る人が多くいますが、必ずしもこれはあたっていません。

貿易収支の黒字の額は一九九二年の一五兆八〇〇〇億円をピークに減りつづけ、原発停止による化石燃料の輸入の増大もあって二〇一一年には二兆五〇〇〇億円の赤字になりました。

その同じ期間に、海外への直接投資からの配当や利子からなる所得収支の黒字は、一九九二年の四兆五〇〇〇億円から二〇一一年には一四兆二九六億円に増えています。国内経済が震災の影響を大きく受けた二〇一一年も、前年比二〇パーセント、金額にして二兆三三一九億円の所得収支の黒字の拡大となりました。

つまり日本経済は、輸入に必要な外貨を、輸出ではなく海外への投資からの収益で、すでに稼ぎはじめているのです。

もちろん輸出が必要なくなるわけではあり

ません。しかし、それはたんに優れた物品を外国に輸出するというだけではなく、ＴＰＰや規制緩和により、成長するアジアの市場を日本市場と同一化していくような、つまりアジアの内需も取りこんでいけるような経済にしていかなければならないのです。

これまでの日本の輸出の柱である自動車や電機の分野では、ガソリンエンジンの技術やトランスミッションの技術で差別化ができるこれまでのガソリン車から、誰でも作れるモーターで車輪を回せばよい電気自動車に、いかにきれいなカラー画像を作り出すかで差を生み出せるブラウン管のテレビから、同じような画像が映る液晶テレビに製品が替わりつつあります。この分野に拘泥すれば、日本製と外国製の製品の技術的な差は小さくなり、韓国だけでなく、中国、インドの企業とも価格競争になり、賃金は低下していきます。

これからの日本には、コンテンツやデザインといった価格競争に巻きこまれにくい分野の活性化やＩＴ、医療、介護、子育て支援といった内需を拡大するための規制緩和が必要です。

2　既得権の排除、規制の撤廃

株式会社はダメというタテマエ

わが国には、株式会社が参入できない分野があります。

たとえば医療は、医療法第七条第五項の「非営利の原則」を理由に株式会社は原則参入が認められていません。しかし、二〇〇八年十月に社団法人全日本病院協会の医療保険・診療報酬委員会がおこなった病院経営調査によると、調査対象の病院の三四パーセントは総収支が赤字、東京では四六パーセントの病院が赤字の状況にあります。赤字の病院が、きちんとしたサービスを提供できるのでしょうか。

しかも、医療法人の設置すら、医療審議会の審議を経て、都道府県知事の認可を得ることが必要とされています。また、都道府県によっては、一年以上の診療所の実績が求められたりもします。

教育では、文部科学省が伝統的に「教育に利益追求はそぐわない」と株式会社の参入を拒否してきました。

「利益の追求と私的分配（株式配当）が中心となり、教育研究への還元は二次的なものとなる。大出資者の意向により、教育方針等が安易に変更されたり、極端な資格試験対策等目先の利益に走った教育がおこなわれる。業績悪化による大学の差押や廃止などの不安定性。最低資本金撤廃により容易に設立可能であることから、学校の経営基盤が脆弱かつ不安定となるおそれがある」

というのが文部科学省の理屈です。

ようやく二〇〇三年に構造改革特区においては株式会社の参入が認められ、その後、全国での参入が認められるようになりましたが、当初は、厳しい施設要件などの高い参入障壁と学習指導要領に準拠したカリキュラムで教えなければならないなどの制約が残されていました。

社会福祉の分野では、保育などで、すでに株式会社の参入が始まっています。

しかし、社会福祉事業をおこなうために直接必要な物件は、みずから所有しているか、国や自治体から借りるか使用許可を受けることが原則であって望ましいとされています。認可保育所になろうとするならば、事前に自治体と細かく相談しながら設計を進めなければならないのが現実です。

社会福祉法人が保育園を新規に設置するときには、国からの交付金を財源にして各都道府県が設置した基金から施設整備の補助金を受けられますが、株式会社の設置する保育園は対象になりません。運営費補助金は、両者とも対象になりますが、自治体が独自に加算する部分については、社会福祉法人だけが対象になるということが多いというのが現状です。

また、保育園開設時に社会福祉法人は独立行政法人福祉医療機構から必要額の九〇パーセントまで低利の融資を受けられますが、株式会社はみずから金融機関などから資金を調達しなければなりません。株式会社は法人税、住民税、事業税の課税を受けますが、社会福祉法人はこれらの税も非課税になります。

これらの制約を正当化しているのは「株式会社は配当のために利益を確保しなければならず、コスト削減を優先するあまり安全を犠牲にする」というタテマエなのでしょう。しかし、もし、これがほんとうならば、株式会社が運航する飛行機には怖くてとても乗れないという話になります。

経営破綻に直面していたＪＡＬですら飛行機を飛ばすことができたのですから、経営主体を規制することなく、行為規制で安全を確保することはできます。

帝国ホテル、ホテルオークラやフォーシーズンズホテルなど高級なサービスを提供するホテルから東横インのように低価格の宿泊を売り物にするホテルチェーンまで、株式会社はさまざまな価値観でサービスを提供し、それにたいして顧客から対価をいただき利益を上げています。株式会社になると、安全を含めサービスの質が落ちるということはありえません。

社会福祉法人も事故を起こしますし、問題も起こします。

二〇〇九年十一月には、仙台市から社会福祉法人が経営する保育園にたいして改善勧告がおこなわれました。社会福祉法人は、剰余金を出しても企業の利益のように自由に使うことはできません。剰余金で施設を新設し、身内を施設長等にして給与を取ることはできます。また、社会福祉法人の経営者が株式会社を設立し、そこから物を仕入れてその会社に利益を落とすこともできます。

問題は法人の形態ではなく、経営者の質の問題なのです。

保育園問題

こうした参入規制は、何をもたらしているでしょうか。

たとえば東京都の認可保育園の場合、零歳児一人に月額約三〇万円の運営費用がかかっているといわれます。しかし、保護者の負担は月額二万円から四万円程度で、残りの約二六万円から二八万円は公費になります。

いっぽう東京都の認証保育園の場合、国の設置基準に合わせた施設ではないため、子ども一人当たりの運営費コストは安くあがりますが、保護者の負担は認可保育園よりも大きく月額七万円から八万円程度になります。さらに認可外保育園の場合、保護者の負担は、一〇万円から一五万円程度の負担になります。

この運営費用と公費補助の格差は、そのまま人件費にはね返ってくることになります。認可保育園が保育士の資格者を雇っているのにくらべ、認証保育園では賃金の安い契約職員を雇うことになります。認証保育園は、認可保育園と比べ、給与が安く昇給が少ないため、若く勤続年数が短い職員が多いといわれています。

しかし、それはデメリットだけなのでしょうか。公費負担が少ない分、園の数を増やすことができます。それにより子どもを預けて就職する親の数は増加します。給与は安いですが、保育園での雇用も増やせます。子どもを産んだ女性を労働市場に戻すことが政策課題となっているわが国では、非常に重要なことではないでしょうか。

たしかに認可保育園のほうが、サービスの提供レベルは高いかもしれません。しかし、高いレベルのサービスを一部の親に提供することと、それなりのレベルのサービスをたくさんの親に提供することと、現在の日本でどちらが求められているのでしょうか。少なくとも、待機児童をたくさん抱えている都市部では、まちがいなく後者です。

そして、現在のシステムは、参入規制が張りめぐらされているため、需要にたいして供給が足りていません。運よく認可保育園に入園できるという輪のなかに入ることができれば、少ない自己負担で高いサービスを受けられます。しかし、質の高いサービスを安く、限られた数の親に提供しているために、その他の親は保育サービスを受けられず就職を断念するか、自己負担の多い認証保育園、あるいは認可外保育園を利用せざるをえなくなっています。運よく中に入れるか、入れないかで天と地ほども違ってきてしまうのです。それならば、なぜ、この市場を開放しないのでしょうか。

市場を開放すると、自己負担額が増えて、結果的に、低所得者は子どもを保育園に入れられなくなると懸念する声があります。それならば、そこにたいして、助成をすればよいのです。

規制改革の筆頭は……

さまざまなかたちで既得権が形成され、それを守るためにさまざまなタテマエが用意されているのが、日本経済の現実です。これからの経済成長のためには、さまざまな分野でこうした既得権を廃して、新たな競争を巻き起こさなくてはなりません。

日本経済の成長を実現するためには、規制改革を避けて通ることはできません。

しかし、規制改革、または規制緩和という言葉を否定的に捉える人が多いのも現実です。とくに小泉純一郎政権以来、規制改革による痛みは感じても、そのメリットは感じないという人が増えています。

小泉改革による規制緩和の失敗は、たとえば酒屋やタクシー会社など一つひとつのプレイヤーが小さいところから規制改革を始めたことにあります。しかし、本来、わが国が、まず、やらなければならない規制改革は、一つひとつのプレイヤーが大きい産業なのです。

規制改革の筆頭は、利権で腐敗し、福島第一原発の事故を起こした東京電力をはじめとした電力業界です。電力業界は、地域独占、総括原価、発送電一体化、社債にたいする一般担保という資本主義の市場では考えられないようなルールのもとで、巨大な利権を作りあげました。

電力業界は、自己の利益を最大化するために経産省や一部の政治家と組んで原発を推進し、新たな産業として発展する可能性の大きい再生可能エネルギーを押さえこんできました。

東京電力が集中型の原発に依存していたために、三・一一であっという間に電力危機を引き起こしました。計画停電は、東電と経産省が仕組んだフィクションではありましたが、大規模集中型の電源が危機に弱いということを露わにしました。

さらに、電力会社に地域独占を許してきたために、周波数変換所の容量や地域間連系線の容量が小さく、危機に直面したときに、地域間での電力融通に限りがあることも露呈しました。また、ピーク時の需要をコントロールするピーク料金などを実現するインフラにたいする投資が現在の体制では進まないこともはっきりしました（エネルギーの問題については、第四章でくわしく述べることにします）。

空の自由化

人の往来を増やすことは、観光業に限らず、さまざまな分野での成長につながっていきます。空の自由化は最優先課題です。しかし、わが国と海外の人的往来をつないでいる空港と航空会社にたいする規制が大きな問題を生んでいます。

日本の空港を利用する航空会社は、韓国の仁川《インチョン》空港やシンガポールのチャンギ空港と比べて三倍から四倍も高い着陸料や停留料をはじめ、アジアの競争相手の倍近いコストになる搭乗橋使用料や手荷物取扱施設使用料、旅客サービス施設使用料などの負担を強いられて、運航コストが高くなっています。

空港が、これまでいかに非効率かつデタラメに運営されてきたか、空港内にできる行列の長さをみればわかります。お客さまがあれだけムダな時間を潰している状況を毎日見ていながら、なんらそれを変えようとしてこなかった国土交通省や空港会社のやる気のなさが、国益を損なっているのです。

まずは国内にある多数のほとんど使われていない空港を競争を通じて統廃合していくことによって、航空会社や乗客の負担を軽減することが急務です。そうして便数と利用客が多い競争力のある空港を生みだす必要があります。

しかし国土交通省はまったく逆の政策を採ってきました。特別会計で地方に競争力のまったくない空港が次々につくられ、需要もない国内路線も維持してきました。また、羽田空港の新しい発着枠の多くを国内線向けに振り向け、さらに羽田発の国際線をアジアの二〇〇〇キロ以内の近距離路線のみに限ろうなどというデタラメな政策を推進しようとしました。これによって日本の空港は競争力を失い、アジアのハブ空港をめぐる争いに参加することもできなくなってしまいました。

羽田空港に新しくできるＤ滑走路により新たに増える発着枠を国際線にすべて振り向ければ、今後、首都圏に必要になってくる新たな国際線の乗り入れ回数を確保することができます。仁川、チャンギ、上海浦東、香港に対抗する芽も出てきます。さらに成田空港の現在の国際線の一部も羽田に振り向ければ、空いた枠で成田に国内線を飛ばし成田の使い勝手も向上させられます。現状では、成田空港はアメリカの航空会社の既得権が強く、発着枠が偏り、しかも国内線の便が少なく地方から利用するには非常に不便です。

最近伸びてきているＬＣＣ（ローコスト・キャリア）と呼ばれる安い運賃の航空会社を首都圏で活用していくためには、着陸料が安い第二空港の活用が必要です。より東京から遠い成田空港を第二空港として位置づけ、着陸料を安くすることによってＬＣＣの発着枠を首都圏に設けることができます。関西では神戸空港が国際線、国内線のＬＣＣのハブの役割を果たすことができます。北九州、神戸、成田、札幌丘珠《おかだま》がそれぞれの地域の第二空港として、国内線、国際線のLCCネットワークを組むことができるようになれば、日本の空も変わってくることでしょう。

大きな航空会社だけでなく、小さなビジネスジェットの運航についても日本はうまくいっていません。航空会社に求められる規制がそのまま小型ジェットの運航に求められたり、全世界で使用されているプライベート便のための航空規則が日本では適用されていなかったりしています。

小型ジェット機の利用者がスムーズに出入国したり、搭乗したりできる出入国や通関のルールが整備されていません。社用の小型ジェット機を利用するような企業のエグゼクティブたちが、日本への乗り入れがむずかしいという理由で来日せずに他のアジアの国々だけを訪問するということがしばしば起きています。

さらに、いまの日本の規制では、日本国内でチャーター便を飛ばすときに、日本国籍の飛行機より外国国籍の飛行機のほうが飛ばしやすいというおかしな状況を作り出しています。こうした規制のために日本企業はなかなかビジネスジェットを利用することができない現状にあります。

日本では、飛行時間数にかかわらず、耐空証明を更新するために飛行機を毎年一ヵ月間整備に回さなくてはなりません。諸外国では、航空機メーカーと共同して、飛行機が常時耐空証明を備えているような飛行時間に応じたプログラムを開発しています。この差によるコストは非常に大きいものです。

本末転倒な通達

規制改革は、女性の労働市場への参加をうながすためにも必要です。たとえば配偶者控除の制度です。

主婦がパートで働いた場合、給与から六五万円の所得控除を差し引いた所得金額が三八万円までならば、その夫が配偶者控除を受けることができます。

こうした所得の少ない配偶者のためのルールが、就労調整を創り出してしまっています。本来、働ける者は、その可能性のかぎりに能力を発揮してもらうべきなのですが、それをすると損をする制度は改めなければなりません。

多国籍企業の社員が日本に勤務する場合に、その配偶者ビザの保有者というだけでは就労許可がおりません。そのために優秀な者が日本勤務を断るケースがあります。こうした規制も国際化にあわせて撤廃されるべきです。

安全を守るべき規制が、既得権を守ろうとするために安全を犠牲にするなどというおかしなことも起こります。

タクシー業界については、「行きすぎた規制緩和」ということがよく言われました。九〇年代以降、運賃規制や台数規制などを緩和してきた結果、新規参入が増え、過当競争になってタクシー会社の経営が悪化し、不良整備や過重労働など安全にかかわるような問題が生じたとよく言われました。そこで、こうした状況を踏まえ、二〇〇九年六月にタクシー特措法が成立し、規制を一部再強化しました。

しかし、問題は、その後の運用です。

二〇〇九年九月に国土交通省が出した通達では、減車に協力した事業者は、運輸局の監査を一部免除すると定めているのです。運輸局の監査というのは、労働法規違反や不良整備などをチェックするための厳格な検査ですから、事業者にとってはこれを免除してもらえるなら、おおいに助かるかもしれません。でもそれでは、タクシー利用者の安全確保という当初の目的はどこにいってしまったのでしょう。

減車で競争を減らして業界の既得権を守ること自体が目的になっているから、そのために安全性を犠牲にするような本末転倒な通達が出てくるのです。

こうした規制は枚挙にいとまがありません。日本の経済成長を妨げる規制は、すばやく撤廃し、日本経済の可能性を広げていくべきです。

3　まちがった政策をやめる勇気

貸金業法改悪の結果

日本経済の発展のためには、やるべきこともありますが、やめるべきこともあります。日本経済の成長の妨げになっている政策は、撤廃し、新しいやりかたに変えていかなければなりません。

貸金業法の改正で、貸金業者は利息制限法にもとづき、貸付額に応じ一五パーセントから二〇パーセントの上限金利のあいだで貸付をおこなわなければならなくなりました。

現在のゼロ金利を考えると、今後、貸金業者の調達金利は上がる方向にしか動きません。現在の法律では、調達金利がいくらになっても上限金利は一五パーセントから二〇パーセントです。これでは今後、調達コストが上がっていけば、貸金業者は貸出しをすることができなくなってしまいます。

さらに、個人が貸金業者からお金を借入れるときは総量規制の対象になり、年収などの三分の一までしか借入れることはできません。しかも、収入のない主婦などが借入れるときには、配偶者の同意と配偶者との夫婦関係を証明する書類が必要になりました。

こうした改正により、貸金業者の貸付総額は一気に減少し、借りられなくなった借り手は、ヤミ金に流れるようになりました。

経済の発展のためには、さまざまなリスクレベルに応じた金融機能が必要です。銀行では対応できない消費者レベルのリスクにたいして、一定の金利でそれなりの量を貸すことで、貸倒れが出ても利益を上げることができるビジネスモデルをもった貸金業が、日本の金融のなかに占める役割はけっして小さくありません。総量規制を撤廃すること、上限金利を調達金利を除いた金利水準に再設定することなど、金融機能を活性化させる再改正が必要です。

貸金業法の改悪で、GDPが〇・八パーセント近く引き下げられているという研究者の試算もあります。日本経済は、このような誤った政策を改めるだけでGDPの成長を見こむことができます。

モラトリアム法は廃止せよ！

金融部門でいえば、国民新党のポピュリズムで始まったいわゆる「モラトリアム法」もだらだらと引き延ばすのではなく、期限を切って廃止しなければなりません。

中小企業向けの融資は、比較的少額の融資を、さまざまな能力の経営者が経営する、さまざまな業種の数多くの企業におこなわなければならないというむずかしさがあります。そのために、金融機関は適正なリスクとリターンを把握できず、その結果、充分な資金が中小企業に供給されていないという議論もあります。それを市場の失敗と見て、信用保証や利子補給、あるいは中小企業向けの公的機関による直接融資などがおこなわれてきました。

リーマン・ショック後の景気後退で、中小企業の資金調達が非常にむずかしい状態にあったのは事実であり、一時的な受注の枯渇をしのげれば、ふたたび売上げを回復できるという企業も数多くあったことでしょう。しかし、それでもこのモラトリアム法の引き延ばしは看過できるものではありません。

この法を施行した結果、政府保証付きの民間融資の総額は三五兆円にもおよびます。モラトリアム法を利用した企業の倒産は、二〇一〇年の二十三件から二〇一一年には百九十四件にまで増えています。

最終的に、モラトリアム法の対象となった企業の何割が焦げつくでしょうか。その穴埋めをするのは税金です。もし、それだけの税金を使うならば、職を失う労働者にたいして、もっと効果的なセーフティネットを作ることができるのではないでしょうか。またモラトリアム法が施行される前にみずから清算を選んだ経営者との公平性は問題にならないのでしょうか。他の借金で苦しんでいる者は、なぜ、救われないのでしょうか。

二〇一二年三月末の期限を延長すると野田政権は発表しました。つまり、モラトリアム法は、既得権の対象となる者とならない者を差別し、対象となった者の既得権はどんどんと温存され、既得権の対象とならなかった者はなんの恩恵も受けることができないという日本経済のよくあるまちがいを繰りかえしているのです。

事業キャッシュフローでは融資を返済することができず、融資の借り換えを繰りかえす中小企業が多いのは事実ですが、モラトリアム法により企業が市場から淘汰されず、供給過多の状態で健全な企業の採算まで悪化させているのが現実ではないでしょうか。

モラトリアム法の終了が近づくにつれ、金融機関の隠れ不良債権は、サービサーなどへ売却されることでしょう。そして、モラトリアム法で先延ばしにされてきた企業の倒産が一気に始まるかもしれません。

九〇年代の金融危機から日本が学んだのは、不良債権の処理や雇用調整など、本来はやく修正されるべきものを先送りすることは、短期的には痛みをやわらげるが、長期的には痛みは何倍にもなるということではなかったのでしょうか。

処理を先送りしたために、不良資産は増えつづけ、最後はそれが信用不安となり、ハードランディングすることになりました。その失われた何十年のあいだに日本経済が失ったものは大きいと言えます。

雇用調整助成金も同様です。リーマン・ショックのような状況への対応に雇用調整助成金は役に立ったかもしれません。しかし、この制度の適用をいつまでもだらだらと認めていくことは、資源の最適配分を妨げ、結果として市場全体の成長を阻害します。

一時的な受注減少で雇用調整助成金による支援を受けた企業と、競争力を失って本来、市場から退場すべきでありながら雇用調整助成金で人を抱えている企業は、区別されなければなりません。

雇用調整助成金で、過剰雇用の状態をずっと続けているような企業の場合、どこかの時点で企業にたいする支援から、労働者個人に転職ができる能力を身につけさせるような訓練への転換を図るべきです。

ゆがんだ労働法制の改革も必要です。

「公務員は身分保障があってクビにならない」とよく言われますが、問題は公務員だけではないのです。

民間企業でも、判例で確立された解雇権濫用法理により、世界標準から見れば、きわめて厳格な制限が課されているために、いったん正社員として雇ったら、よほどのことがなければ解雇できません。

このため、わが国の企業経営者は、過去に雇った正社員を過剰に抱えこみ、一方で新規採用には慎重にならざるを得ません。いわば若者の雇用を、既得権者が奪う構図になっています。

野田内閣が国家公務員の新規採用五六パーセント減を決めたのが、まさにその典型例です。これから社会に出ようとする若者を犠牲に、幹部官僚や公務員労組の組合員たちを守ったわけです。こうして、過去に雇った職員を過剰に抱えこむ結果、役所や大企業は、人材の墓場になります。

解雇規制の緩和を

解雇規制の緩和というと、社員が次々にクビを切られる、暗い社会を思い浮かべるかもしれませんが、そうではないのです。

たとえば、デンマークやスウェーデンなどのように、解雇は柔軟にできるかわりに、公的な教育・訓練プログラムを強化して、転職や再チャレンジを徹底支援する制度を作るべきです。そうすれば、衰退産業から成長産業への人材流動も円滑に進みます。

貴重な人材を衰退する組織で無用にくすぶらせず、新たな場で活躍してもらうための支援は惜しまず、限られた労働人口をフル活用することこそ、最大の成長戦略です。

観光立国と日本文化の発信

日本経済の発展のためには、ムダなことをやめるだけでなく、前向きな投資も必要です。ただし、経産省がこれまで繰りかえしてきたような、産業補助金ではありません。

たとえば観光産業、とくにアジアを中心とした外国人の日本訪問に力を入れなければなりません。

訪日外国人数は、二〇一〇年に過去最多の八六一万人を記録しました。しかし、日本の四季、文化、食、スポーツなど観光産業としての可能性がまだまだ利用されていません。

訪日外国人の七割以上は、韓国、台湾、中国、香港、そしてアメリカからの旅行者ですが、たとえば海外旅行に行くアメリカ人、中国人のわずか二パーセントしか日本を訪れていません。おとなりの韓国や台湾から海外旅行に行く旅行者でも一七パーセント、一三パーセントしか日本を訪れていません。各国の出国者のうち、日本を訪問する率が一パーセントを超えているのは、韓国、台湾、中国、香港、アメリカ、シンガポール、オーストラリア、カナダの八ヵ国だけです。

二〇〇九年の訪問外国人入国者数/受け入れ国人口の割合は、わが国はわずか五パーセントにすぎず、おとなりの韓国の一四パーセント、台湾の一九パーセントにおよびません。シンガポール、香港の二〇〇パーセント、一五五パーセントは別格としても、タイの二一パーセントや南半球のオーストラリアの二六パーセントにも水をあけられています。

官が中心になって戦略を立てるのではなく、民間の知恵を最大限に生かすためにも、国の観光庁や地域の観光部局は、官を排し、民間人を中心とした能力第一主義の人事をおこなうべきだと考えます。

そのためには中国などのマーケット国を対象とした個人旅行のためのビザの緩和や、入管や通関の行列の解消や利用時間の延長など国際空港の利便性の向上が欠かせません。とくに最大のマーケットである中国では、二〇〇九年七月から北京、上海、広州で、個人の観光ビザの発給が開始されましたが、二〇〇九年に来日した中国人観光客約三八万人のうち、個人観光客はわずか七七〇〇人に過ぎません。

国際的な観光促進のためには、従来の日本の画一的な観光地のありかたからそれぞれの地域が脱却していかなければなりません。それぞれの地域で従来以上に強力な景観規制やゾーニングができるような分権が必要です。

観光立国を成功させるには、多くの日本人が外国語を話せる状況にならなくてはなりません。英語はもちろん、中国語や韓国語、さまざまなアジアの言語が話せる人材も必要になります。中学、高校や大学で第二外国語として、アジアの言語を学べるカリキュラムを整備していく必要があります。

国際的な観光業の振興と同時に、日本の文化、食、技術、芸能などを総合的に海外でプロモーションしていく戦略作りが必要です。

二〇〇六年には、訪日観光客が日本に期待することの第一位は、すでにショッピングから日本食に移っています。海外でのテレビ放送や映画の配給などを通じて、海外に日本のアニメやドラマ、映画、J-POPなどを発信すると同時に、日本のファッションや食を伝え、日本にたいするあこがれと日本製品のデザインや品質への信頼につながるような横串を通したプロモーションが必要です。そのためには「クールジャパン」のような言葉からしてイギリスの Cool Britannia の焼きなおしではない、オリジナリティが求められています。

日本のオリジナリティの最たるものである日本語は、それ自体が文化であり、アニメの普及とともに海外での日本語学習者も増えています。しかしながら、海外進出においては日本語が壁のひとつになるのも現実です。コンピュータによる翻訳ソフトの質の向上など、言葉の壁を低くする努力を続けていかなければなりません。

外国人労働力の受け入れ

人口減少への対応も重要な課題です。

二〇一〇年に日本の労働力人口は、六五九〇万人。それが二〇二五年には六〇〇〇万人、二〇五〇年には五〇〇〇万人を下回ると推計されています。これだけの急速な労働力人口の減少がわかっているのだから、女性の労働市場への復帰を支援する政策の優先順位はきわめて高いと言えます。

女性の就業率には、二十五歳から二十九歳の間と、子育てが終わる四十五歳から四十九歳の間との二つのピークがあります。

女性の出産、育児と就業との両立を可能にすることによって、この「M」字型の落ちこみを防ぐことができるはずです。

しかし、それでもおよそ二〇〇万人の女性を労働市場に留めておくことができるに過ぎません。それに加えて高齢者の継続雇用が進んでも、それだけではカバーしきれないほど、日本の人口減少は激しいものです。もちろん少子化対策は絶対に必要ですが、今日、明日どころか生まれた子どもが労働力市場にはいってくるまでには二十年近くかかります。中長期的に見て、労働力が大きく不足するのは明らかです。

海外からの労働者の受け入れをどうするか、もはやこの議論を避けて通るわけにはいきません。金融の専門家や弁護士、技術者、科学者などのプロフェッショナル、高度人材を積極的に日本に誘致するという決定はすでになされていますが、それだけでよいのでしょうか。

現在の政府の方針は、単純労働者は外国から入れないということになっていますが、「研修生」や、「日系人」という名目での単純労働者の受け入れが水面下で進んでいます。

研修生という制度は、二〇一〇年四月までは労働法の保護の対象にもならず、まさに現代の奴隷制度ともいうべき状況です。この制度は、日本の恥でもあり、一刻も早く廃止するべきです。

また、日系人の多くは日本語もできないため、日本社会に溶けこめず、その子どもの教育の問題はきわめて深刻です。彼らはたんに製造業が求める安い労働力としての扱いしか受けず、景気拡大が終わった後には本国に送り返される場合もあります。

こうした建前と本音を使い分けるような現在の制度は一刻も早く廃止し、正式にルールを決めて「労働ビザ」を出すべきです。

日本人の血が入っている日系人でも、日本語ができないかぎり、日本社会に溶けこむのは非常にむずかしいことを考えると、大切なのは日本人の血統ではなく、日本語で意思疎通ができることと、日本語能力です。

労働ビザを発給する条件として一定の日本語能力を求めるべきです。そして、労働ビザを出すならば、その後、定住、永住ビザへの切り替えや、国籍取得を可能にする道を開いておく必要があります。日本語習得が労働ビザ取得の条件になれば、世界各地で日本語学校ができるだろうし、政府も海外での日本語教育に力を入れなければなりません。

金融、弁護士、あるいはコンテンツ関係のプロデューサーなどさまざまな分野で高度人材といわれる外国人の受け入れが必要になっています。高度人材の受け入れには、日本語習得の義務化は必要ありませんが、彼らにとっても住みやすい国でなければなりません。子どもの教育やベビーシッターの受け入れなど、そのために必要な制度の整備が求められます。

外国人労働力はきわめて感情的になりやすい問題ですが、議論を始めるのは今からでも遅いぐらいなのです。避けて通るのではなく、きちんとした議論をはじめましょう。

真の中小企業政策とは

テレビのニュースでは、総理が代わるたびに中小企業に視察に行き、「日本の中小企業はまだまだ元気だ！」というまさに「能天気」な発言を繰りかえすシーンが映し出されています。

総理が視察に行くような中小企業は放っておいても元気な企業なのだから、政治や政策の出番などありません。ほんとうに政策を必要としているのはその他の真面目に頑張っているふつうの中小企業です。

これから日本の人口は減少し高齢化します。莫大な財政赤字があり財政出動もままならないし、国際競争もますます激化していきます。このままでは国内の需要はさらに縮小していくことが避けられません。

失われた二十年と言われるこの状況下でとられてきた政府の中小企業政策は、銀行でお金を借りられない企業にたいする資金繰り支援など金融政策が主流でした。しかし、中小企業の本質的な問題は、縮みつづける国内需要のなかで、売上げが伸びない、減少するということです。いま求められているのは個々の中小企業の売上げを増やす政策です。

国内の需要が縮むのであれば、成長著しいアジアを含めた世界の需要の取りこみが課題となりますが、個々の中小企業に自社製品を海外に売りこみに行けといってもそのハードルはきわめて高いものです。それならば、国際的なインターネット上のマッチングサイトなどを活用した、世界を相手にビジネスできる環境を創っていく必要があります。

もちろんマッチングサイトの創設などに行政が取り組んでうまくいった例《ため》しがありませんので、それ自体は民間に任せ、その周辺業務、たとえば言葉の問題、売掛金回収を担保する団体保険制度の創設、貿易実務、ロジスティクスなどの支援メニューに行政が手をさしのべることになります。

世界を相手にしたとき、いままでの国内のビジネスでは想定していなかった顧客や自社技術の活用方法に出会えたりします。しかし、同時に世界を相手にしても引き合いのない企業は、延命のための金融政策に頼るのではなく業種転換を考えるべきです。

行政の役割は誰でもが活用できるしくみを側面支援することに尽きるのではないでしょうか。

第二章 ほんとうに安心できる社会保障制度とは

私の約束

河野太郎政権ができたら

①厚生年金を抜本改革し、全国民が加入できる積立保険料方式の年金制度を導入します

②国民年金を清算し、消費税方式の基礎年金を導入します

③職業、年齢を問わずひとつの医療保険制度に統合します

1 「保険料」と「税」

東京財団の嘆き

社会保障制度がこれからの大きな問題になるという認識は、ひろく国民に共有されています。社会保障制度全体の抜本改革が必要だという問題意識もやはり共有されています。たとえば、共同通信が二〇一一年二月に実施した世論調査では、社会保障と税の一体改革に関し、七九・八パーセントが野党も与野党協議に応じるべきだと回答しています。それなのに、政治の場では、なかなか社会保障の抜本改革の議論が始まりません。

二〇一一年二月から五月のあいだに、東京財団は、「税・社会保障制度の抜本改革を考える」衆参全議員討論会を主催し、とくに年金制度に関する議論をおこない、すべての国会議員に参加を呼びかけました。

しかし、国会議員の参加は、多い回で一五名、少ない回は三名に留まり、一度でも参加した国会議員は衆参あわせて二五名。主催した東京財団は、最後のとりまとめで次のように述べています。

本討論会を設定した毎週火曜日の夕刻は、国会の本会議も委員会も終わり、国会議員にとって最も参加しやすい時間である。すべての国会議員に対して、議員会館事務所への週2度のファックス、また、本分野を専門とする議員にはコーディネーター自身が個別訪問を行うなど、本会の開催の周知徹底を図った。こうした周知活動により、議員本人および議員スタッフの本会に対する認識が高いことは度々の訪問を通じて明らかになったものの、議員自身が出席するには至らなかった。

税と社会保障制度の抜本改革は現政権における最重要課題の一つである。また、総理の意向云々に関わらず、我が国が直面する数々の課題を踏まえれば、政治家が最優先で取り組まねばならないことの一つのはずである。

国会での質問準備、議員との会合、支援団体の集まり、各種勉強会、支援者の冠婚葬祭等、出席を求められる会の中から何に出席するのか、自らのスケジュールを決めるのは、政治家にとって最もシンプルかつ重要な政治行為だ。

議員と個別に話をすると、政局報道ばかりで、せっかく取り組んでいる政策を対象とするものが少なく、これが国民の政治家不信を助長していると嘆く声が多い。また、期数が若い議員であるがために政策に関与するチャンスが少ないと嘆く人もいる。

だとするならば、この7回の討論会は絶好のチャンスだったはずだ。先輩後輩の上下関係を気にすることなく、国民に選ばれた文字通り〝選良〟として、不明なことがあれば有識者に質問し、自分自身の考えがあれば率直に意見を述べ同僚議員と討論を重ねる。これこそが真の政策議論である。参加した議員による真摯な政策議論では、何が論点で、どう対立しているのか、それぞれの根拠についても含めて明らかになったこと等もあって、傍聴者からは高い評価が聞かれただけに、参加議員数が低迷したのはきわめて残念でならない。

国会議員の出席者数は重要なシグナルである。重要とされる政策課題にも関わらず、震災前・後いずれも、わずか1~2%の議員しか参加しなかったこと、これは与野党に共通した傾向であり、政局に明け暮れ、政策が二の次になってしまう政治の実態を明らかにした。国民の政治家不信がきわめて深刻になる中、まず、この点に触れなければならないことは極めて不本意だ。

年金記録問題ではあれだけ連日、報道したマスコミも、年金制度の抜本改革の議論にはなかなか食いつきません。

しかし、人口が減少し、高齢化が進む日本では、社会保障制度の抜本改革が遅れれば遅れるほど、のちの世代につけが回されることになります。いまこそ国民一人ひとりが、政治に、社会保障制度の抜本改革の議論を進めることを求めると同時に、その議論に加わらなければなりません。

せん。

ただでさえわかりにくいのに

そのためには、国民一人ひとりが理解できるような、わかりやすい議論をしなければなりません。

たとえば厚労省が、各健康保険制度から介護保険に投入している介護納付金制度の負担金の計算方法を、人頭割からすべて収入比例に変えようと企てたとき、なぜ厚労省がこんな変更をしようとしているか、国会議員でさえ、何人が理解できたでしょうか。ましてや、大多数の国民に理解してもらえるでしょうか。

この改正の意味は、それによって社員の給与水準の高い大企業の健保組合の負担を増やし、国費で補助している協会けんぽなどの負担を減らそうというものです。組合健保の負担を増やすことで、協会けんぽの負担が軽減され、協会けんぽの財政が好転するので、国庫補助を減らすことができます。これが医療保険の制度改正の議論だと言われたら、取材する記者だって嫌になってしまうことでしょう。

もっともそれがこれまでの厚労官僚のやりかただったのかもしれません。政治家にもわからない制度を作りあげることで、さまざまな省益を温存してきたのかもしれません。

社会保障における政治のガバナンス、あるいは国民の信頼というならば、わかりやすい制度で、金の流れが誰にでも理解できるようにするというのが絶対条件です。国会議員でも理解できないような制度のあいだの金のやりとりを放置して、政治主導などできるはずがありません。

さらに、社会保障制度の改革にあたっては、税と保険料の違いをしっかりと整理し、明確にする必要があります。医療では、よく、税を「公助」、保険料を「共助」、窓口負担を「自助」と呼んだりしますが、保険料と税のそれぞれのつかいみちが明確でないままにこんな区別をしてもほとんど意味がありません。社会保障関係の特別会計を維持していこうとする厚労省官僚が、特別会計利権を守るために使っている言葉でしかないのです。

前に述べた各健康保険制度から介護保険に投入している介護納付金制度の改正では、健保組合の組合員が支払っている保険料の意味合いはいったいどうなるのでしょうか。後期高齢者医療制度を維持するために、組合健保から拠出をさせているのも同様です。

保険料といいながら、その一部が、自分が加入してもいない制度の財政を守るために使われています。そして、ただでさえわかりにくい社会保障の制度がもっとわかりにくくなります。保険料をこのように使っていては、保険料と税の違いがどんどん曖昧になってしまいます。「保険料」と「税」は、言葉は違いますが、その実質的な違いはいったい何なのでしょうか。

厚労省の「医療費や年金による富の再分配」をやめさせる

医療保険制度は、組合健保、協会けんぽ、共済組合などの被用者保険と、自営業者やパート、アルバイト、退職した高齢者等が加入する国民健康保険、七十五歳以上の高齢者が加入する後期高齢者医療制度などの制度が並立しています。

それぞれの制度ごとに、被保険者から保険料を徴収して給付に充てることになっていますが、大企業の組合健保と後期高齢者医療制度では被保険者の収入や年齢構成がまったく異なり、財政力に大きな差があります。そのために、厚労省は、それぞれの制度が保険料として集めた資金のなかから他の制度を支援するための拠出金を出させています。

また、それぞれの制度には、たとえば後期高齢者医療制度の給付費の五〇パーセント、市町村国保の給付費の五〇パーセント、協会けんぽの給付費の一六・四パーセントといった割合で、国、都道府県、市町村からの税金が投入され、保険料負担を引き下げています。そしてこれが、医療費のコストを国民に見えにくくしています。

所得再分配は税金でおこなう、保険料はきちんと対価として戻ってくるという原則をまず打ち立てて、社会保障制度をそれにもとづいて再構築することが必要です。つまり、医療や年金の保険料を利用して、富の再分配をおこなうことをやめ、再分配は税を原資としておこなうことにします。これだけでも社会保障の制度がすっきりとわかりやすくなり、国民一人ひとりが、社会保障のどの制度のためにいくら負担をしているか、明確にわかるようになります。

もちろん保険料負担額は、人頭割ではなく、個人の収入に応じて決まるので、その範囲では所得再分配機能があります。しかし、保険料を制度間の財政調整などに流用することを廃止するべきです。

こうした原則のもと、介護保険制度や後期高齢者医療制度にたいする制度間の拠出金制度は廃止し、国民に医療コストをしっかりと感じてもらうために介護保険や後期高齢者医療制度の保険料を制度の維持に必要な金額まで、まず引き上げます。しかし、もちろん、そのままの保険料を負担できない世帯がでてくるので、そうした世帯にたいしては、税でその世帯に直接支援します。

厚労省の業務は、所得に応じた明確な保険料の負担ルールを決めること。負担の軽減は、個別に保険料の軽減をするのではなく、税を使って世帯に直接支援します。

こうすることによって、税と保険料の違いがはっきりします。保険料はあくまで自分のため、つまり一定の年齢になれば年金が支給され、病院に行けば自己負担分だけで診療を受けることができるという制度の原資として負担することになります。

さらに医療保険は、健保だ、国保だ、共済だ、後期高齢者だなどといった職業別、年齢別の制度をやめて一本化するべきです。もはや高齢者だから弱者であるという時代ではありません。サラリーマンが自営業になり、その逆も頻繁に起こる時代です。年齢や職業などといった属性とは無関係に、個人の収入に応じて保険料を納付してもらうことにするべきです。

国がひとつの医療保険制度をつくって全国民を対象にして運営します。

そのときに、医療コストを削減しようというインセンティブを与えるために、ひとつの制度のもと、地域別に被保険者数百万人ごとに保険者をつくり、保険者ごとに医療コストに応じた保険料を決めていきます。年齢と医療コストには相関関係があるので、高齢者の多いグループには、国が税で負担調整をおこないます。これにより、データにもとづいた医療コストの削減などへの取り組み（後述）を後押しすることになります。

医療費の増大はけっして悪いことではないが……

社会保障の将来推計の問題点をすでに指摘しましたが、医療費の将来推計も同様です。それどころか、医療費の将来推計は年金よりもひどいありさまです。

一九九四年の「21世紀福祉ビジョン」では、二〇二五年の医療費の将来推計はじつに一四一兆円ということになっていました。それが、一九九七年の推計では一〇四兆円、二〇〇〇年の「社会保障の給付と負担の見通し」では八一兆円に縮小し、二〇〇六年には六五兆円、そしてそれが五六兆円、四八兆円とまるでバナナのたたき売りのように当初の三分の一に縮小しています。

そして二〇一〇年を最後に医療費の将来推計はおこなわれていません。つまり、厚労省は、自分が何か政策をやろうというときにだけ、それに都合がいい数字をつくり、そうでない時には将来推計には興味がないということです。やはり中立的な機関による将来推計は、社会保障のどの分野でも必要なのです。

いずれにせよ、今後、医療費は増えます。まず、医療技術が進歩します。がんの手術や抗がん剤も日進月歩で進歩します。開発される最新の医療技術にはコストがかかります。しかし、この医療技術の進歩により、日本人の平均寿命は引きつづき延びていきます。

高齢化している日本社会は、医療技術の進歩により、さらに寿命が延びます。一説には、二〇三〇年には日本人の女性の平均寿命は八十八歳、男性は八十一歳にまで延びることになります。

病気が治り、平均寿命が延びることで、国内の高齢者の数、割合は増えつづけていきます。

二〇一一年の高齢者人口は二九八〇万人、総人口の二三・三パーセントになりました。六十五歳から七十四歳までの人口は、一五〇〇万人、総人口の一二パーセント、七十五歳以上の人口は一四八〇万人、ほぼ一二パーセントです。

二〇三〇年には、総人口の三二パーセントが六十五歳以上になります。六十五歳から七十四歳までの人口は一四〇〇万人と二〇一一年と比べて一〇〇万人減少しますが、総人口にたいする割合は依然として一二パーセントと変わりません。しかし、七十五歳以上の人口は二二六六万人と二〇一一年より八〇〇万人近くも増加し、日本の人口の二割は七十五歳以上になります。

七十五歳以上の一人当たり医療費を七十五歳未満と比較すると、一人当たり医療費は七十五歳以上が八五万二〇〇〇円と、七十五歳未満の一八万二〇〇〇円にたいし四・七倍かかることになります。入院費で七倍、外来で四倍弱の医療費がかかっています。七十五歳以上の受診率は七十五歳未満と比較して、入院で六・六倍、外来で二・五倍高く、一件当たり受診日数は入院で一・四倍、外来で一・三倍長くなります。

医療技術の進歩とそれにともなう高齢化により、これからも医療費は増えます。しかし、それは病気が治るようになった結果であり、日本人の平均寿命が延びた結果であり、医療費が増えるということは、けっして悪いことだけではありません。

議論しなければいけないことは、財源に限りがあるなかで医療費が伸びていくのだから、どんな価値を優先的に守っていくのか、医療を効果的、効率的におこなっていくためにはどんなシステムが必要なのか、どんな医療を提供するべきなのか、それでも必要となる医療費を誰が、どうやって負担するか、ということであり、こうしたことについての国民的な合意が必要です。

後期高齢者医療制度

後期高齢者医療制度ができるまで、日本の医療保険は、サラリーマンが入る「健康保険」と自営業者などが加入する「国民健康保険」、公務員などが加入する「共済保険」などにわかれていました。また、七十五歳以上の高齢者は、国民健康保険などに加入しながら、老人保健制度の適用を受けてきました。

国民健康保険は市町村が保険者となって運営されます。企業を退職した高齢者は企業の健康保険から抜けて、国民健康保険に入ることになるので、高齢者の多くは国民健康保険に入っています。後期高齢者医療制度ができる前は、七十五歳以上の一三〇〇万人のうち、一一〇〇万人が国民健康保険の加入者でした。一方、国民健康保険は、少子化で若い世代の加入者が減っています。

そのため、高齢の加入者が増える国民健康保険は、保険料収入に比べて医療費の負担の伸びが急速に起きました。各自治体は、自治体の一般会計から国民健康保険に繰り入れをおこなって国民健康保険を支えてきましたが、団塊の世代が定年退職を迎え、高齢化率がさらに高くなると、財政規模の小さい自治体にはもう限界となってしまいます。

一方、企業の健康保険は、定年退職する社員が抜けていくので、一人当たり医療費がかからない若い加入者の割合が高く維持され、国民健康保険と比べて財政的には安定します。

そこで、国民健康保険の安定を損なわないように、国民健康保険や健康保険とは別立ての新しい制度をとくに医療費のかかる七十五歳以上の高齢者のために創設し、税金を投入すると同時に、国民健康保険と健康保険それぞれから加入者数に応じた拠出金を出して支えていこうと創設されたのが「後期高齢者医療制度」です。

市町村ごとに運営する国民健康保険では、自治体の高齢化率の差によって自治体ごとの保険料格差が大きくなるという問題があったため、後期高齢者医療制度では、保険料格差を小さくするために、都道府県単位で運営するようにしました。

この七十五歳以上の高齢者のための独立した新制度では、七十五歳以上の医療費のうち、窓口負担分を除いた医療費の五割を税金で、四割を七十五歳未満が加入する各医療保険からの拠出金で賄うことになります。七十五歳以上の加入者は、窓口負担分を除いた医療費の一割だけを負担することになりました。

この制度を作ったことにより、一時的にしろ、財政的に余裕のある健康保険に、高齢者の医療費の一部を負担してもらうことで、国民健康保険の財政悪化の先送りができました。後期高齢者医療制度を野党時代に批判してきた民主党も、この制度を即座に廃止するという約束を撤回しました。しかし、健保組合員が拠出した保険料を、まったく別な制度の維持に使ってしまったことは、保険料の意味を薄れさせてしまいました。

後期高齢者医療制度は、あくまでも一時しのぎに過ぎません。抜本的な医療保険改革が必要なのです。

選択肢は三つ

高齢化と少子化が進むなかで、これからの日本が採ることができる医療制度の選択肢は大きく分けて三つあります。

⑴**高負担高給付**……たんなる北欧型の高負担高給付ではなく、世界最新の医療技術を積極的に取り入れ、医師の数も先進国の平均以上に引き上げます。ほぼすべての医療を保険適用にし、医療の平等性を守ることができます。しかし、そのために税・保険料・窓口負担は重くなります。

⑵**低負担低給付**……こちらも医療の平等性を重視するものですが、医師の数は先進国の平均以下に抑え、費用対効果で一定の基準に達しない治療法は保険適用をしません。その結果、税・保険料・窓口負担は先進国の平均以下に維持できます。

⑶**低負担低給付＋自己負担**……公的な医療は低負担低給付を維持しますが、自己負担・民間

医療保険を積極的に使うことにより、お金のある人は、標準以上のサービスを受けることができます。医療の平等性は低くなります。

まず、低負担高給付はありえないということをはっきりさせてから、国民的な議論を始めなければなりません。

現在は、各保険制度に公費が投入されているので、必ずしも国民に、医療コストの負担がはっきり見えているとは言えません。国民に医療コストが見えるような制度改革をしなければなりません。もちろん、すべての国民に医療コストを丸ごと負担しろというわけではありません。所得に応じた負担軽減は必要ですが、負担軽減は保険料の使い回しではなく、社会保障全体で一括して、税でおこなうべきだということです。

どのような医療制度を選択するにしても、医療技術が進歩し、高齢化が進むために、医療費は増えていきます。どのような医療を選ぶか、そしてそのための医療費の財源をどう確保するか、年金改革同様に、与野党が一致して改革を進めることが必要です。

健保組合も努力を

医療費について、本来、おこなわれているべきものなのに、なかなか進んでいないものがあります。それは、過去のレセプト（診療明細書）等のデータを活用して、医療費を削減するということです。

現実に起きたケースを例にとると、ある組合員六〇〇〇人の健保組合では、そのうち一六人が虚血性心疾患にかかり、その健保組合の入院医療費の三二パーセントを使いました。そして、そのうち三人の入院医療費で、その健保組合の入院医療費の一六パーセントを使いました。つまり全体の〇・一二パーセントの組合員が、その組合の入院医療費の三二パーセントを使ったことになります。

過去のレセプトから集めたデータを調べると、こうした病気にかかりやすいリスクグループを特定することができます。

たとえば一部上場の歴史のある製造業は、四十五歳以上の男性の割合が高く、虚血性心疾患による医療費が大きくなりやすいことがわかっています。それを理解したある健保組合では、過去の健診、問診データから、五十歳以上、男性、軽度の糖尿病、ＬＤＬコレステロールの値が一定値より高い等という虚血性心疾患になりやすいリスクグループの社員を特定し、早めに健康管理をおこなうことで、虚血性心疾患の発症を抑え、医療費を下げることに成功しています。

本来、健保組合はここまでやるべきなのですが、ほとんどの組合でできていないのが現状です。なぜなら、健保組合の責任者は、あがりポストである場合が多く、退職前の二、三年だけの腰かけポジションになりがちで、もはや対策を打って結果を出すなどということに興味がない場合が多いからです。

もし、このポジションにプロフェッショナルを連れてくれば、これまでと違った新しい管理方法を導入し、きちんと病気のリスクを把握して予防をすることで医療費を下げていくということができるはずです。そしてその能力を認められた人間がもっと大きな健保組合に引き抜かれて、さらに大きな医療費の削減をしていくということができるのではないでしょうか。

本来、レセプト審査機関が、こうしたことを保険者にうながしていくべきなのです。厚労省の天下りや現役出向のような人間が、惰性で今までと同じようなレセプト審査を続けていては何も変えられません。

2　厚生年金をどうするか

厚労省による粉飾

社会保障のなかでも、とくに深刻な問題を抱えているのが年金制度です。

そのなかでも厚生年金に関しては、二〇〇四年に大改革がおこなわれ、「百年安心」年金ができたことになっています。もちろん、それは真っ赤な嘘です。

百年安心年金とは、

⑴所得代替率五〇パーセントを維持しながら（つまり現役時代の平均所得の五〇パーセント以

上を年金で確保する）
(2)積立金が百年間枯渇しない
ということを意味します。

この所得代替率なるものは、会社員と二十歳から六十歳までずっと専業主婦の妻という夫婦を標準的なモデル世帯として設定して計算されています。しかし、もはや今の日本では、こうした世帯がモデル世帯とは言い難くなっています。

それはここではさておいて、所得代替率は、すでに二〇〇四年の改革時点で、将来五〇・二パーセントまで下がることになっていました。その後、リーマン・ショックなどもあり、所得代替率五〇パーセントを維持するのはもはや無理だと思われますが、二〇〇九年の年金再計算では所得代替率は、五〇・一パーセントを維持することになっています。この二〇〇九年の再計算は、明らかに厚労省による粉飾です。

たとえば、厚労省の計算の前提は、二〇二〇年以降の年金積立金の運用利回りがずっと四・一パーセントで維持されることになっています。二〇〇四年の計算では運用利回りは三・二パーセントで想定されていたのが、一気に上がりました。さらに物価上昇率は、二〇一一年から二〇五年までずっと一・九パーセントとなるという想定です。ちなみに二〇〇四年の計算では一・〇パーセントを想定していたのが、それさえも大きく上回っています。

つまり、所得代替率が五〇パーセントを下回らないために、どんな前提条件なら大丈夫かを計算し、それを前提条件としておいただけなのです。

百年安心年金はすでに崩壊している

一方、積立金のほうはどうかというと、二〇〇九年の財政再計算では、二〇一〇年度末の積立金を一四二兆六〇〇〇億円と予測しました。その一四二兆円の積立金は、二一〇〇年度末に二四七兆二〇〇〇億円、二一〇五年度末には一三二兆四〇〇〇億円残っているはずでした。

しかし、現実には二〇一〇年度末の積立金は一四〇兆七〇〇〇億円しかなく、同じ二〇〇九年の経済前提で計算すると、二一〇〇年には積立金はわずか四一兆八〇〇〇億円になり、二一〇五年にはマイナス一五〇兆九〇〇〇億円となることがわかりました。百年間積立金がもたないことが厚労省の計算でも明らかになったいま、年金は百年安心だとは言えません。

それどころか、学習院大学の鈴木亘教授がＯＳＵという数理計算モデルで計算したところ、厚生年金の積立金は二〇三三年、国民年金の積立金は二〇三七年に枯渇するという結果になりました。二〇三三年ということは、現在四十歳代前半のサラリーマンの厚生年金が脅かされているということになります。

それもそのはず、二〇〇九年の財政再計算によれば、二〇〇九年から二〇一〇年にかけて、積立金の取り崩しは一兆八〇〇〇億円のはずですが、現実にはこの一年間に八兆円の取り崩しがおこなわれています。二〇〇四年の財政再計算では、二〇〇五年から二〇一〇年までの厚生年金の積立金の取り崩しは七兆九〇〇〇億円ですが、じっさいには三三兆五〇〇〇億円も取り崩されてしまいました。現実は想定よりもかなり早く、かなり悪くなっています。

もっとも二〇〇四年の検証では二〇七〇年の積立金額は二八四兆円のはずでしたが、二〇〇九年の再計算では二〇七〇年の積立金は、なんと五六一兆円になることになっています。わずか五年で、積立金の金額が約二八〇兆円、二倍近く増えていますが、これが運用利回りその他の数字の操作によるマジックなのです。これを現実的だと言えるでしょうか。

つまり、百年安心年金などというものはすでに崩壊しているのです。

さらに、高齢者の数を現役世代の数で割ってみると、

一九六〇年　八・九パーセント　現役一一人で高齢者一人を支える
一九七〇年　一〇・二パーセント　現役一〇人で高齢者一人を支える
一九八〇年　一三・五パーセント　現役七・五人で高齢者一人を支える
一九九四年　二〇・二パーセント　現役五人で高齢者一人を支える
二〇〇〇年　二五・五パーセント　現役四人で高齢者一人を支える
二〇〇八年　三三・六パーセント　現役三人で高齢者一人を支える
二〇二三年　五〇・二パーセント　現役二人で高齢者一人を支える
二〇四〇年　六六・八パーセント　現役一・五人で高齢者一人を支える
二〇七二年　八一・〇パーセント　現役一・二人で高齢者一人を支える

団塊の世代が引退した後も、高齢化はまだまだ続きます。

世代間の損得格差

いまの厚生年金のように、次世代の負担する年金保険料で現時点の高齢者の年金を支払う賦課方式では、人口が減っていく日本では、今後継続的に次のどれかをやらざるを得ません。

A 年金受給額を減らす

B 年金保険料負担を増やす

C 年金受給開始年齢を引き上げる

いずれにしろ、年金制度にたいする国民の信頼が失われていくことでしょう。

こうした現実から目をそらすために、年金の将来の運用利回りは、厚労省によって粉飾されやすいものです。学習院大学の鈴木亘教授は、現実よりも高く設定されたこの運用利回りを達成するために、年金資金の運用は過度に高リスク、高リターンを追い求めやすいと指摘しています。百年安心というフィクションを維持するために、厚労省が運用利回りを高く粉飾し、それをめざして年金資金は、つねに必要以上のリスクにさらされながら運用されます。賦課方式の年金制度では、年金資金の運用が失敗しても、現在の年金受給者の年金には影響しないため、無関心になりやすいのです。

さらに、厚生年金の世代間の損得格差は巨額になっています。鈴木亘教授による、生まれ年で見た年金保険料負担と年金受給額の世代間損得計算は、左記のようになります。

一九四〇年生まれ　プラス　三〇九〇万円
一九五〇年生まれ　プラス　　七七〇万円
一九六〇年生まれ　マイナス　　二六〇万円
一九七〇年生まれ　マイナス一〇五〇万円
一九八〇年生まれ　マイナス一七〇〇万円
一九九〇年生まれ　マイナス二二四〇万円
二〇〇〇年生まれ　マイナス二六一〇万円
二〇一〇年生まれ　マイナス二八四〇万円　最大格差五九三〇万円

これでは若い世代が年金を自分たちの将来のものとしてまじめに考えにくいのではないでしょうか。

保険料積立方式へ

人口が減少し、高齢化が進むこれからの日本に必要な年金制度とは「老後の生活を支える年金の財源を自分自身が現役のうちに積み立てておく、自分の世代で完結する積立方式の年金制度」です。この積立方式ならば、前後の世代に負担をかけず、高齢化や人口減少の影響を受けることもありません。

具体的には、国民一人ひとりが、自分の公的年金口座に、現役時代に毎月保険料を積み立て、六十五歳または引退したときの積立金とその金利の合計額を、六十五歳または引退した年齢の平均余命で割った金額を、毎年の年金額として政府が保証する年金制度ということになります。保険料の積立金は、一定のルールのなかで国民一人ひとりが自分で運用の選択をすることになります。そして、亡くなった時点で年金支給は停止され、積立金の残額は相続できません。

つまり、これからのあるべき年金制度とは、三階建てになっています。

年金の一階部分は、後述するように、老後の最低限の生活を保障するためのもので、消費税を財源として、六十五歳以上のすべての日本人に支給します。ただし、所得制限があり、一定以上の所得のある高齢者には支給されません。

二階部分は、現役の生活水準を老後に維持するために、自分が現役のうちに積み立てた積立金に比例して支給される積立方式の公的年金です。

そして三階部分は、個人が必要に応じて加入する民間の私的年金です。

現在の年金制度にたいする不信感から、公的年金は廃止すべきだという声も聞かれますが、公的年金を廃止することはできません。なぜなら、若い世代は年金の必要性に関する切迫感がないので、私的年金のみにすると将来、無年金者が増加してしまうからです。その結果、税金による生活保護が急増し、財政を圧迫していくことになります。

また、民間の保険会社による私的年金は、年金の支払期間があらかじめ決まってしまい、自分が何歳まで生きるかわからない長生きのリスクに対応することはむずかしいと考えられます。長生きのリスクをすべてカバーするためには、平均余命にもとづいて、早く亡くなった人の年金財産を相続させずに、長生きした人に分配する必要があります。そして、それができるのは政府だけです。

どの程度の年金水準を維持するべきかという議論はありますが、公的年金をやめてしまうという議論は乱暴です。ただし、公的年金制度を続けるためには、これまでの年金制度にたいする不信をきちんとぬぐい去ることができるような年金制度の抜本改革が必要です。そして、年金制度が信頼されていくためには、自分が将来、年金をいくらもらうことができるのかがはっきりわかる制度でなければならないし、それがどんどん切り下げられていく可能性のある年金制度では誰も信頼してくれません。

つまり、現行制度の手直しでは、年金にたいする信頼を勝ちとることはできないのです。

「二重の負担」解消は可能

賦課方式の厚生年金を、積立方式の年金制度に切り替えるためにはひとつ、大きな問題があります。現行方式では、現役世代が支払っている年金保険料が高齢者への年金支払いの財源になっています。積立方式の年金制度を導入すると、現役世代が自分の年金のための積立を始めるため、現在の高齢者の年金の財源となっている年金保険料がなくなります。そのために、政府が現行の年金制度のもとで支払われるべき年金の財源を肩代わりする必要があります。これを「二重の負担」といいます。

厚労省は、この二重の負担問題を大々的に取りあげて、だから積立方式への移行はできないと主張します。しかし、それは特別会計による利権を失うことを避けようという、ためにする議論に過ぎません。

二重の負担の解消は簡単ではありませんが、可能なことです。

しかし、現行制度を継続すればどうなるでしょうか。高齢化、少子化はこれからも長く続きます。現在は現役三人で高齢者一人を支えていますが二〇七〇年代には限りなく現役一人で高齢者一人を支えることに近くなります。保険料はどこまで高くなるでしょうか。

いま、積立方式に移行すれば、この賦課方式の将来よりも年金制度は確実に安定します。したがって、速やかに積立方式に移行するべきです。

もともとわが国の厚生年金は、積立方式として始められました。しかし、本来、積立方式ならば六七〇兆円の積立金がなければならないところ、現在、一四〇兆円しか積立金がありません。一九七〇年代からの年金支給の大盤振る舞いと年金保険料引き上げの先送りが、年金財政を悪化させ、それが修正されないまま現在につながってきました。

現在の年金制度で約束された年金の支払金額は六七〇兆円。それにたいして残っている積立金は一四〇兆円。この状況で賦課方式の厚生年金を積立方式の新年金制度に切り替えようとするならば、差し引き五三〇兆円を政府が一時的に肩代わりする必要があります。しかし、この五三〇兆円は、いますぐ必要になるものではありません。むしろこの二重の負担の償却は、できるだけ長い年月をかけて、負担がひとつの世代に集中しないようにするべきです。

毎年必要になる金額は、その年の厚生年金支給額、およそ二〇兆円にすぎません。基礎年金を消費税方式に移行すれば、厚生年金保険料に含まれている基礎年金の保険料は必要なくなります。現在の厚生年金の年金保険料に含まれている基礎年金保険料部分の個人負担分は廃止し、企業負担分を「二重の負担」の財源に充てれば、ここで年間約三兆円が出てきます。

現在の年金受給者が、年金受給金額に比べて保険料として負担した金額がはるかに少なかったことが、現在の年金問題の原因のひとつになっているので、現在の年金受給者が亡くなったときに、年金の過去財源の一部、たとえば受給してきた基礎年金の国庫負担分相当額を本来の相続税とは別枠として残された資産から徴収するという鈴木亘教授らが主張する案もあります。

また、現在の賦課方式の厚生年金から積立方式の年金制度に移行すると、現役世代の将来の保険料負担は軽減されます。その軽減される分の一部を二重の負担の解消のために徴収するということも考えられます。いずれにしろ、これで不足する分は、長期の年金国債で賄い、二重の負担解消の財源がひとつの世代に集中しないようにしなければなりません。

数理計算をきちんとする

そして最後に、再三再四指摘してきたことですが、数理計算もやらないで年金の小手先改革をやりますというのはいけません。

二〇一一年末の民主党政権の税と社会保障の一体改革の議論に合わせて、厚労省年金局に、最新の年金の将来推計を要求したところ、二〇〇九年の年金再計算の数字がそのまま提出されました。二〇〇九年の再計算では予測値を使っていた部分を、現在までの最新の現実の数字に入れ換えたものを要請しましたが、そんなものはないという返事。年金局数理課の能力では、パラメータを入れ替えて年金財政を計算しようとすると数ヵ月かかるからできないといいます。

年金改革の議論をするためには、きちんと最新のデータにもとづいた、さまざまなアイデアをシミュレーションできるモデルが必要です。そろばんや計算尺の時代でもあるまいし、データを入れ替えることができないようなモデルでは役に立ちません。

この本のなかでも何度も言いますが、そもそも将来推計とは、それぞれの案にたいして中立なものでなければなりません。にもかかわらず、厚労省の社会保障の将来推計は、まず政策ありきで、それを守るための数字をつくって（年金積立金の運用利回り四・一パーセントのような）、数字を出します。

こういうことをやっているからＴＰＰに関して、農水省と経産省がまったく独自に、まったく違う前提条件で、まったく違う結果になる数字を出してきたりするのです。

年金改革のなかで大事なのは、どうやって社会保障の将来推計をつくるかということです。東京財団の亀井善太郎研究員が指摘するように、

一元化………推計の責任部署をひとつにする
整合化………前提や推計全体のロジックやパラメータを一致させる
透明化………情報やその説明をできるだけ開示する
第三者化……議会や民間などの他の機関による検証と議論をおこなう

が必要です。

国民が議論するためのデータが将来推計であって、それはさまざまな選択肢を議論するためのの中立なものであり、これまで役所がやってきたような役所のそれまでの政策を守るためのものであってはならないということを、与野党やメディアがきちんと認識することが大切です。

3　国民年金の清算と消費税

基礎年金のトリック

消費税を上げるべきなのでしょうか。

消費税を上げても、それによる歳入を何に使うのかが問題になります。引き上げた消費税をた

だ、不足米《たらずまい》に充てるというのでは意味がありません。消費税を引き上げるならば、基礎年金の財源に充てるべきです。

かつて国民年金と厚生年金は別の制度でしたが、制度改正がおこなわれて基礎年金という概念が年金制度のなかに盛りこまれました。国民年金を基礎年金と言い換えて、厚生年金にもこの基礎年金が含まれるということにして、給与から保険料が天引きされ保険料の徴収漏れがない厚生年金から、国民年金へ足りないお金を回す道筋が作られました。これも厚労官僚による保険料の使い回しのひとつです。いまや厚生年金からの拠出金なしで国民年金制度は成り立ちません。国民年金の未納問題は、厚生年金にも多大な影響を及ぼしています。サラリーマンにとっても国民年金の保険料未納問題は、他人事ではありません。

二〇一一年三月末に国民年金の被保険者一九三八万人にたいして、保険料を全額免除されているのは五五一万人、割合にして二八・四パーセント。国民年金の対象者の四人に一人を超えています。国民年金保険料の納付率は、対象者からこの二八・四パーセントの免除者を除いた人数を母数として計算されます。その国民年金の保険料納付率は、二〇一一年八月末に、(被保険者全員から免除者を除いた人数の)五五・〇パーセントまで低下しました。つまり、保険料の納付義務のある者全体の三九・四パーセント、五人に二人しか年金保険料を納めていないということです。

ちなみに、二〇一〇年度末での納付率は五九・三パーセントでしたが、二十代前半で四九・二パーセント、二十代後半で四六・六パーセント、三十代前半で五〇・九パーセントでした。

国民年金の保険料の未納率が高くなっていくにつれて、その穴を埋めるために給料から天引きされる厚生年金の保険料が、国民年金への拠出金としてどんどんと流れ出しています。

保険料方式の基礎年金制度では、保険料の支払いを忘れる人、保険料を支払いたくないから支払わない人、保険料を支払いたくてもお金がなくて支払えない人など、必ず未納が発生します。しかも、年金保険料の徴収に、年間六五〇億円のコストがかかります。

さらに、保険料方式では、所得に関係なく一定の保険料を負担しなければなりません。また、保険料を負担しない第三号被保険者の問題もあります。

まじめに払った者がバカをみる？

ところが、未納者は無年金になるので年金財政に影響は少なく、厚労省年金局にとって未納は大きな問題ではないため、きちんとした対応が取られません。

しかし、無年金者の多くが生活保護を受けています。そして厚労省の資料によれば二〇〇九年七月一日の時点で、生活保護を受けている六十五歳以上の単身高齢者世帯の生活扶助額は月額平均六万八二四三円となり、満額の基礎年金額六万六〇〇〇円より多いのが現実です。

しかも、基礎年金は二分の一だけが公費負担ですが、生活保護は全額が公費負担になり、財政を圧迫します。六十五歳以上単身世帯の生活保護費総額は、二〇〇九年に、月額で三六二億円になっています。まじめに年金保険料を支払った者は、保険料を支払わずに無年金になった者の生活保護の費用まで税金で負担していることになります。

夫婦で老後の生活に最低限必要な金額が月額一三万二〇〇〇円という調査から、一人当たりの基礎年金六万六〇〇〇円という金額が設定されました。しかし、現在、国民年金の平均給付額は五万三〇〇〇円しかありません。この数字も、年金給付を受けている者の平均金額であって、無年金になってしまった者は計算の対象に入っていません。

年金保険料の未納期間分は当然、年金が給付されませんが、年金保険料を免除された期間も、年金金額が二分の一の公費負担分だけに減額されます。保険料方式の基礎年金では、年金保険料の免除が必要なほど現役期間の所得が低いと、将来の年金金額が下がり、最低保障年金の役割を果たせなくなってしまいます。

現在、国民年金の受給資格を得るためには、最低二十五年の年金保険料支払いが必要です。無年金を防ぐと称して、受給資格を十年に短縮しようとしていますが、これは無意味なことです。十年分の年金保険料に対応する国民年金の金額は、月額一万六五〇〇円にしかなりません。むしろ、それ以上の年金保険料を支払わないインセンティブになりかねません。

専業主婦の夫が支払っている保険料を夫婦で払ったことにしようという第三号被保険者に関する制度変更もおかしなことです。こんな変更をしても保険料収入が増えるわけではありません。しかも、この制度では、夫婦の片方が亡くなれば、支給額は半減されてしまいます。それを防ごうとすれば、さらにわけのわからない制度になり、しかも、国民年金の未納問題の改善にはまったくなりません。

公平なのは消費税方式

結論としては、老後の最低保障のための基礎年金の財源を年金保険料で賄おうとすると、未納や免除に対応できません。つまり、年金保険料の支払いに応じて年金を給付する制度では、必ず未納や免除が生じ、基礎年金を満額支給できなくなります。そうすると、生活保護だけに頼る者や、減額された基礎年金の支給を受けながら生活保護も受給する者が生じます。

基礎年金を満額、必ず支払うためには、保険料の徴収をやめ、税で基礎年金を支払う必要があります。消費税を基礎年金の財源とする方式であれば、買い物をするたびに必ず消費税を支払うので、未納や免除は生じません。消費税方式ならば、すべての日本人が、年金の受給要件をクリアすることになるので、六十五歳になれば満額の基礎年金を受け取ることができるようになります。高齢者の生活保護も廃止できます。

消費税を財源にして、基礎年金を支払うことにすれば、消費金額に応じて年金財源を負担することになります。収入の多寡にかかわらず一律金額の保険料を徴収する現在の保険料方式よりもよほど公平です。現在の制度では、二〇〇〇万円の歳費をもらっている国会議員とアルバイトで年収一二〇万円のフリーターが、同じ金額の保険料を負担しているのです。

消費税方式の基礎年金ならば、国税庁のシステムで徴収している消費税を使うわけですから、年金保険料徴収業務が不必要になります。そして、現在、年間約六五〇億円かかっている保険料徴収コストは不要になります。

保険料方式だと、保険料を支払う現役世代と基礎年金を受け取る高齢者世代にわかれてしまいます。基礎年金の財源を負担する世代と給付を受ける世代は別なのです。世代間格差を解消することはできません。消費税方式ならば年金受給者も消費税を負担することになります。消費の多い高齢者は、基礎年金の給付を受けた分よりも財源を負担することになり、世代間格差の是正にもつながります。

さらに、専業主婦も消費税を負担するため、第三号被保険者の問題も解決できます。

では、税率は何パーセントに？

二〇一〇年十月一日（国勢調査）の日本の六十五歳以上人口は、二九二九万三〇〇〇人。年額七九万二〇〇〇円の基礎年金をその全員に満額支給すると、必要額は、二三兆二〇〇〇億円になります。現在の消費税五パーセントで消費税収一〇兆一九九〇億円という現実から試算して、二三兆二〇〇〇億円に必要な消費税率は、一一・四パーセントです。

現在の消費税は、地方消費税一パーセント分に地方交付税分を加えると消費税額の四三・六パーセントが地方収入分で、国の収入になるのは税率五パーセントのうちの二・八パーセント分だけです。消費税率を引き上げても、地方収入分を現行の二・二パーセント分で固定し、引き上げた分を含め消費税の国税分を全額基礎年金の財源とする場合、税率は一三・六パーセントとなり、現在よりも八・六パーセントの消費税率引き上げが必要になります。

厚労省は、引き上げた消費税を全額年金に充ててしまうと、医療や介護の分野に必要な財源が回らなくなるといって、消費税方式の年金に反対します。しかし、それは嘘なのです。

消費税を引き上げて、消費税で基礎年金の財源をすべて賄うと、現在の基礎年金の二分の一相当の国庫負担分一〇兆五三四七億円（二〇一〇年度予算ベース）が不要になります。これは消費税換算して五・二パーセントに相当します。さらにすべての高齢者に満額の基礎年金が支給されるわけですから、六十五歳以上の高齢者にたいする生活保護も廃止することができます。これにより推計一兆四二〇〇億円が不要になります。合計して約一一兆九五〇〇億円を年金以外の社会保障に充てることができます。これは消費税を五パーセント引き上げたときの増収額一二兆五〇〇〇億円と比べて六〇〇〇億円少ないだけです。

さらに、基礎年金に所得制限を設ければ消費税の引き上げ幅は小さくなります。年金の世代間格差を縮小させるためにも、基礎年金には所得制限をかけるべきだと考えます。

消費税は逆進性が強いという議論もありますが、消費税を年金の財源に充てる場合は、少し違った議論になります。なぜならば、基礎年金の財源を消費税にすれば、現在の基礎年金保険料月額約一万五〇〇〇円は不要になります。

もし、消費税の引き上げ幅が八・六パーセントなら、毎月の消費金額が一七万五〇〇〇円以下の者は、基礎年金保険料がなくなるメリットのほうが大きく、基礎年金に所得制限をかけて消費税の引き上げ幅を五・〇パーセントに抑えたとすると、毎月の消費金額が三〇万円以下の者は年金保険料がなくなるメリットのほうが大きくなります。

それでも厚労省や厚労省の族議員は、税方式に反対します。なぜでしょうか？

答えは、税方式に転換すると保険料が必要なくなり、厚労省の利権である特別会計がなくなってしまうからです。

たとえば、菅内閣のとき、社会保障改革に関して与謝野馨大臣は、社会保険料方式なら二〇兆円で済むが、税方式なら三〇兆円かかるなどという発言を繰りかえしました。

かりに、年金を税方式に切り替えて、すべての受給者に満額の基礎年金を支払うと年間三〇兆円かかるとするならば、現実に基礎年金をすべての受給者に保障すればそれだけコストがかかることになります。

もちろん、基礎年金に所得制限をかけて、年金の他に年収がある人には基礎年金を支払わないようにすれば、三〇兆円からコストは下がっていきます。かりに二〇兆円でやれというならば、その水準に所得制限をかければいいだけの話です。

税方式ならば、所得の多いほうから基礎年金の支払いをカットすることができますが、社会保険料方式の場合、現在の所得に関係なく、現役時代に所得が少なくて保険料の免除を受けたり、未納になったりした人が年金を受け取れなくなってしまいます。社会保険料方式だと二〇兆円しかかからないというのは、それだけ現役時代に年金保険料を未納や免除にした人に、年金が支払われていないからそれで済んでいるだけなのです。しかも、無年金、低年金の人たちに生活保護を支給しなくてはならないため、その分、財政負担は大きくなります。

税方式移行で生じる大きな問題

税方式への移行にあたっていちばん大きな問題となるのは、それまでに支払われた国民年金保険料の扱いです。

選択肢は三つあります。

ひとつは、それまでに未納となった年金保険料相当分を基礎年金から減額すること。しかし、これは税方式のすべての六十五歳以上の日本人に満額の基礎年金を支払うというメリットをなくしてしまうことになります。

基礎年金を減額された人に他の収入がなければ、現在と同じように生活保護を受けることになります。生活保護の上限額を基礎年金の上限額とあわせるのは当然として、本来なくなるはずの六十五歳以上の生活保護の制度も残さざるをえなくなります。それならば給付を年金に一本化するほうが行政コストの観点から考えても効率的です。

次の選択肢は、国民年金の清算です。制度の移行時点で残った国民年金の積立金を、これまでの保険料の納付状況に応じて還付します。財政への負担を避けるために、還付金額の合計の上限は国民年金の積立金の金額とします。

還付金額は最大でも数十万円程度となるでしょう。これまでに支払った保険料と比べて微々たるものになりますが、それでもきちんと保険料を支払ってきた人にたいして何らかを報いることにはなります。ある程度の公平性は保たれ、精神衛生上もよいかもしれません。しかし、還付するために行政コストがかかります。

三番目の選択肢は、税方式に移行したことでそれまでに支払った保険料と年金の関係はなくなったと宣言することです。税方式の場合、消費税をたくさん払う人も少し払う人も同じ金額の年金をもらう、あるいは所得制限にかかればたくさん消費税を払っても基礎年金はもらえないことになるので、それまでに支払った保険料と年金の関係はなくなります。

これはきわめて不公平で、精神衛生上よくない選択肢ではありますが、行政コストはまったくかかりません。国民年金の積立金は、国債の償還に充てる、あるいは賦課方式の厚生年金を積立方式に移行するときの二重の負担の財源の一部に充てるなどが考えられます。

税方式の年金制度に移行することを選んだなら、メリット、デメリットをきちんと国民に説明したうえで、どの方式で移行するか、議論で決める必要があります。

さらに税方式の場合、海外に長く在住した日本人および日本に帰化した人の年金受給要件をどうするか決めなければなりません。数年間海外に転勤していましたというならば年金の受給資格に問題はないのでしょうが、五十年以上海外に在住して六十四歳で帰国しましたという人には受給資格があるのか、六十二歳で日本に帰化して日本人になりましたという場合はどうするのか、日本国内での在住年数を要件にするのかなど、細かいルール設定が必要になります。

厚労省がやろうとしている厚生年金の適用拡大も、国民年金とのあいだでおかしなことが起こります。

現在、厚生年金の年金保険料の標準月収の下限は、九万八〇〇〇円、つまり、これを上回る収入がなければ厚生年金には入れません。しかし、現状で、国民年金加入者を職業別にみるといちばん多いのが、本来は厚生年金に入るべき被雇用者です。もし、厚生年金の標準月収の下限を引き下げれば、被雇用者で国民年金に加入している者を厚生年金に加入させることができます。

ところが、現在の標準月収の下限九万八〇〇〇円の場合の保険料は、労使合計で一万六〇八四円。この標準月収の下限を引き下げていくと、厚生年金の保険料が、国民年金保険料一万四九八〇円より、安くなってしまいます。基礎年金しかもらえない国民年金の保険料一万四九八〇円よりも安い保険料で、基礎年金と厚生年金の両方がもらえるようになるのは、はたして公平といえるのでしょうか。

野田総理の「不退転の決意」とは

民主党の野田佳彦総理は、「不退転の決意」で消費税を引き上げるとおっしゃっています。しかし、なぜ、消費税を引き上げるのでしょうか。引き上げた消費税をどうするのでしょうか。

残念ながら、野田総理は消費税を引き上げて年金制度を改革すると訴えているわけではありません。

二〇一二年一月六日に閣議決定された「社会保障・税一体改革素案」には、「国民すべてが人生の様々な段階で受益者となり得る社会保障を支える経費は、国民全体が皆で分かち合わなければならない」とあります。

つまり社会保障のお金がないから、消費税を引き上げて賄わせてくださいと言っているのにすぎないのです。

政権交代が起きた二〇〇九年以前、自民党政権だった二〇〇六年度から二〇〇八年度までの三年間の政府の一般会計の当初予算額は、平均すると八一兆八八五四億円でした。それにたいして、民主党政権になった二〇一〇年度から二〇一一年度の二年間の当初予算の平均額は、九二兆三五五四億円と、自民党時代から一〇兆四七〇〇億円以上も増えています。

しかも、この二〇一一年度の当初予算には、東日本大震災や福島第一原発事故の復興予算はまだ含まれていないのです。消費税を五パーセント引き上げたときの税収増は一二兆五〇〇〇億円と見こまれますが、民主党政権は、その大半を先食いしてしまっています。

自民党政権時代、二〇〇六年度から二〇〇八年度の国と地方合計のプライマリーバランスの平均赤字は、九兆四〇〇〇億円まで縮小しました。ですから、まず当初予算を自民党政権なみに戻したうえで、増税すれば、プライマリーバランスの黒字化が見えてくるはずです。

価格表示

消費税の引き上げには、事前に考えておかなければならないさまざまな問題点があります。

たとえば、手元にあるスーパーのチラシをみると、こうあります。

丸かじりサンふじ……六コ　四九八円
ティッシュ…………五個パック　二九八円
たら寄せ鍋セット……三人用　五九八円

すべて税込価格です。これが消費税八パーセントへの引き上げで、どうなるでしょうか。

丸かじりサンふじ……六コ　四九八円→五一二円
ティッシュ…………五個パック　二九八円→三〇六円
たら寄せ鍋セット……三人用　五九八円→六一五円

しかし、安さを強調するために、四九八円や二九八円という価格設定をしてきたスーパーが、五一二円、三〇六円という価格設定にするでしょうか。それとも八パーセントの消費税込でも四九八円や二九八円の価格を維持しようとするでしょうか。

もしスーパーが価格は変えないとしたら、そして、スーパーに製品を納めているそれぞれのメーカーが消費税の値上げ分をきちんと卸価格に転嫁するとしたら、パッケージや容器を変更して、製品一つひとつの量を減らさなくてはなりません。前回、消費税を五パーセントに引き上げたときに、私の知り合いのかまぼこ屋さんは、実際にかまぼこ板を、消費税引き上げ分、小さくしたそうです。しかし、量を変えることができない品物はどうするのでしょうか。

野田政権の税と社会保障の一体改革案によれば、二〇一四年四月一日から八パーセント、二〇一五年十月一日から一〇パーセントに段階的に消費税が引き上げられます。かまぼこ屋さんは、二年間に二回もかまぼこ板を切らなくてはならないのでしょうか。

価格表示を外税にして、品物には本体価格だけを明記して、消費税はレジで対応するという方法もあります。これなら税率が変更されても表示には影響がありません。もちろん、消費者にとって、本体価格の八パーセントは暗算しにくいかもしれませんが、総合的に考えて、どちらがよいか議論するべきではないでしょうか。

野田総理の案には、「表示方法は維持する」と書いてあります。国民的な議論もなく、それでいいのでしょうか。細かいことですが、影響の広がりは大きいのです。

こういうことをしっかり議論して、みんながそれなりにそうだなと納得することも大切なのではないでしょうか。

税率の内訳

国税である消費税の金額は、一年間の『売上高（税抜）』に一〇〇分の四を掛けた金額から『仕入高（税込）』に一〇五分の四を掛けた金額を差し引いて計算します。

なぜ、一〇〇分の五でないかというと、じつは消費税率は四パーセントだからです。ふだん五パーセントと言っている消費税率は、正確には、税率四パーセントの国税である消費税と消費税額の四分の一の地方消費税を合計した税率ということになります。

もし、このままで消費税が八パーセントになるとすれば、

①税抜の売上高に一〇〇〇分の六三を乗じた金額Aから、

②税込仕入高に一〇八〇分の六三を掛けた数字Bを差し引いた金額が消費税額になり、

③それに六三分の一七を掛けた数字が地方消費税額Cになり、その合計が八パーセントということになります。つまり、消費税率は六・三パーセントで、地方消費税は一・七パーセント、合計八パーセントです。

消費税を計算するときの売上高には非課税取引は含まれず、仕入れには、原材料の仕入れや販売目的の商品の仕入れ、事業のために購入した物品やサービスの代金などが含まれますが、非課税となる取引は含まれません。給与の支払いは仕入れの対象とはなりませんが、加工賃や人材派遣料、委託料などのように消費税が課税されるものは仕入れになります。

消費税が非課税となるものは、たとえば、土地の売買、預貯金の利子、保険料、国債・株券・

郵便切手の売買、国や自治体などがおこなう登記・試験・証明・公文書の交付、保険診療、介護保険のサービス、医師や助産師による助産、火葬料、盲人用安全つえや車いすなどの売買や貸付、学校の授業料、住宅の賃貸などです。

このなかの医療をとりあげてみましょう。

医療費と消費税

病院が購入する機械や薬には消費税がかかります。しかし、保険診療は非課税なので、病院が患者から受け取る料金には消費税を上乗せすることができません。そのままだとこの差額分が病院の負担（損税）となります。

それを防ぐために、厚生労働省は診療報酬にその分を上乗せしていると説明します。つまり、病院が仕入れに払った消費税に相当する金額を、診療報酬に盛りこんで病院の負担分と相殺できるようになっている……はずなのですが、ほんとうに病院の負担分が診療報酬で戻ってきているかどうかは、じつはわかりません。

診療報酬は、数千項目もありますが、そのなかで消費税分が盛りこまれている項目は、注射、検体検査、血液検査、義歯など、比較的仕入れとの対応がはっきりしている項目や疾患療養指導料、皮膚科特定疾患指導料などわずか数十項目にすぎません。

最先端のＭＲＩやＣＴを導入して多額の消費税を支払った病院と、旧式の機械を長く使いつづけて消費税の支払いの少ない病院と、診療報酬の項目が同じならば、収入は同じです。もし、ほんとうに診療報酬に上乗せされた総額が日本の医療機関が負担した消費税の総額と同じだとしても、個別の病院ごとに見れば損をしているところと得をしているところがあることになります。

また、厚労省の説明では、病院の薬の価格にはすべてコストに五パーセント分が上乗せされて価格が決まっています。それがほんとうなら、正式に薬に消費税五パーセントを課税すればよいのではないでしょうか。

もちろん窓口負担は三割ですから、診療報酬に上乗せされた金額をすべて患者が負担するわけではありません。しかし、消費税分を診療報酬に上乗せしているならば、医療費を非課税にした意味は薄れるのではないでしょうか。

じつは、もっとよい方法があります。医療費に消費税を課税して、その税率を〇パーセントにすればよいのです。

医療費にゼロ税率課税すると、病院の売上げにかかる消費税は〇パーセントですから、病院の消費税額は、売上高(税抜)に一〇〇分の〇を掛けた金額、つまりゼロです。

現在、仕入れには四パーセントの消費税がかかっているので、仕入高(税込)に一〇五分の四を掛けた金額をゼロから差し引いて、マイナス「仕入高(税込)×一〇五分の四」、つまり仕入れにかかった消費税額分がマイナスになり、それが税務署から還付されて病院に戻ります。これでそれぞれの病院の負担はなくなり、患者が支払う薬代や診療報酬に消費税相当分が上乗せされることもなくなります。

もし消費税が一〇パーセントになるならば、この医療費の非課税問題は、大きな問題になります。医療費には消費税はかかりませんといいながら誰かが不公平に負担するよりも、医療費にも消費税をかけて、ゼロ税率にすれば公平になります。

三五億円の落とし物

毎年確定申告が始まると、地元税理士会のお誘いで、確定申告の相談窓口を視察させていただいています。いつも、その年の税制改正が、現場にどんなメリット、デメリットをもたらしたか、を肌で感じる場になります。

二〇一一年度の確定申告の相談会場では、あたらしく始まった「年金収入が四〇〇万円以下で、かつ、年金以外の所得が二〇万円以下」の高齢者については確定申告が不要となった制度改正に対する不信が噴出していました。

というのも、この制度改正で三五億円の税収減になるのです。

現在、源泉徴収は、年金支給額のうち基礎控除と公的年金控除の一ヵ月分を一三万五〇〇〇円として、毎月の支給額からこれを差し引いて、残った金額に税率をかけています。つまり、一年間の年金所得から一三万五〇〇〇円の十二ヵ月分合計一六二万円が差し引かれて、所得税が計算されています。

しかし、本来、公的年金控除一二〇万円と基礎控除三八万円の合計金額は一五八万円しかありませんから、源泉徴収だけで確定申告をしないと、四万円所得が少ないままで税額が計算され、その結果、四万円×所得税率五パーセントで、一人分二〇〇〇円ずつ税収減ということになります。この確定申告不要になる人数が約一二〇万人と見こまれるので、二〇〇〇円×一二〇万人で、二四億円の減収になります。

さらに、財務省は、年金以外に二〇万円以下の所得がある人が約二〇万人、その一人ひとりの所得は平均して一〇万円とみなしています。この二〇万人の平均所得が一〇万円かどうかは、あてずっぽうです。国税庁が、去年のデータで調べれば、平均金額はわかりそうなものですが、もちろん、そんな調査はやっていません。

平均して一〇万円という推量が正しいとして、一人一〇万円に税率五パーセントで五〇〇〇円税収減、それが約二〇万人で一〇億円になります。この二つを合計して三四億円。あとは、この計算の端数を足すと一億円程度になり、税収減が三五億円となるわけです。

払う側の視線で

では、この制度改正で、高齢者の申告が不要になってよくなったかというと、年金以外の所得がある人は、国税の申告は不要ですが住民税の申告が必要なので、確定申告用紙に「申告不要」とハンコをもらって自治体の窓口に行かなければなりません。

所得が年金だけという人の場合は、年金機構などから自治体に年金情報がいくので、申告はほんとうに不要ですが、七十五歳以上の後期高齢者医療保険の保険料を支払っている人は、社会保険料控除を受けるために、やはり確定申告しなければなりません。そうすると確定申告不要の恩恵を受けられるのは、七十五歳未満で所得は年金だけの人に限られることになります。

けっきょく、この確定申告不要ですという制度改正の恩恵を真に受けるのは、税務署の窓口だけなのではないでしょうか。しかし、そのために、税収が減ってしまうというのは、消費税を不退転の決意で上げようとする野田政権として、どうなのでしょうか。

そうかと思うとこんなこともあります。やはり確定申告をする際に、たとえば夫が妻の保険料を支払うと、その分の社会保険料控除を受けることができます。

厳密に言うと、

「生計を一にする妻が受け取る年金から引き落とされている国民健康保険料（税）や後期高齢者医療保険料、介護保険料は、夫の控除の対象にはならないが、国民健康保険料（税）や後期高齢者医療保険料で、夫が口座振替により妻の保険料を支払った場合には、夫の控除の対象になる」

後期高齢者医療保険料は、最初は年金からの引き落としだけでしたが、その後口座振替が認められて、夫が自分の口座から妻の後期高齢者医療保険料もいっしょに振替納付すれば、確定申告のときに控除の対象に加算できることになりました。

しかし、介護保険料だけは年金給付の総額が一八万円未満でないかぎり、口座振替が認められないので、夫が妻の介護保険料を口座振替で納めて、確定申告で控除の対象にすることができません。

自治体の窓口には、介護保険料も口座振替できるようにしてほしいという希望が多く寄せられていますが、年金からの引き落としのほうが確実に徴収できるということから、自治体は反対しています。

こうしたことを改めることから始めるのが税と社会保障の一体改革ではないでしょうか。

第三章　強い農業、食の安全

私の約束

河野太郎政権ができたら

①生産者を消費者が支える、安全な食の維持システムを構築します

②意味のないカロリーベースの食料自給率計算に基づく政策を廃します

③「地域営農交付金」（仮称）制度を創設し、減反によらないコメの合理的生産をおこないます

④国産飼料を基盤とする畜産への転換をうながし、畜産・酪農所得補償保険を創設します

⑤卸売市場機能を近隣の空港の機能と連結し、果物など日本の高付加価値農産物の輸出拠点にします

⑥都市部における農地の扱いを見直します

1　目先の自給率よりも農業経営の強化を

ゆきむすび、コシヒカリ、キヌヒカリ

先日、東北地方を訪れた友人からお米をいただきました。

宮城県大崎市に合併した旧鳴子町でとれた「ゆきむすび」という聞いたことがない品種です。教えていただいたとおり、水を少なくして炊いたら、とてもおいしいお米でした。

旧鳴子町は温泉とスキー場で有名な地域です。となりの大崎平野と違い、稲作に向いているとは言いがたい土地ですが、これだけおいしいお米ができるのです。「ゆきむすび」は鳴子の農家が見出し、鳴子だけで育てられているお米です。私は、このお米に、規模の拡大が見こめない中山間地域であっても大きな可能性を見出しました。

毎日食べているご飯です。お米にせよ、野菜にせよ、スーパーで売っているものをただ買って食べるのではなく、日本全国の消費者が、自分の好きなマイブランドを作り、作り手を支えることができれば、日本の農業はもっとたくましくなると確信しています。

鳴子の米から教えられ、反省したのは、自分の命を支える食への無関心です。

無関心をあらわすひとつの現象に「魚沼産コシヒカリ信仰」があります。いまや、日本のお米

の大半はコシヒカリになりました。

しかし、もともと日本の米は多様性を重んじて育てられてきました。これはたんに味だけではなく、イネの病気や冷害を避ける先人の知恵です。棚田にもそういうメリットがあり、手間をかけてでもつくられてきたものです。そういえば、私の地元、神奈川県でもっとも多く栽培されているのは「キヌヒカリ」という品種です。魚沼産コシヒカリもおいしいかもしれませんが、作り手の顔が見えているということもあるのか、神奈川の米、キヌヒカリも負けず劣らずおいしいお米だと思います。各地で直売所が賑わっているのは、そんな理由があるからなのかもしれません。

どんな農業政策よりも、自分の食べ物に関心をもち、自分の子どもに安全で安心なものを食べさせたいと思う親の心が、日本の農業を支えていくのです。

賢い消費者が、頑張る農家を支える

TPPが、農家の戸別所得補償が、減反がなどと大上段の議論をするよりも、まず、自分が食べるおいしい安全な食べ物をつくってくれる農家を、消費者一人ひとりが自分で支える、それが日本の農業の基本にならなければなりません。

鳴子の米「ゆきむすび」は一俵（六〇キロ）二万四〇〇〇円の価格で消費者が購入します。一〇キロであれば四〇〇〇円、五キロであれば二〇〇〇円、鳴子から全国への送料を入れてもスーパーで目にするお米とほぼ同じ値段で、そんなに高いものではありません。また、これも教えていただいて、自分が知らないことを恥じたのですが、ご飯一杯で考えると二四円です。毎日の食の基本であり命を支えるご飯一杯がショートケーキ一口分にもなりません。

鳴子の米プロジェクトではこの二万四〇〇〇円のうち、一万八〇〇〇円を農家に渡します。一万八〇〇〇円というのは今の生産者米価と比べれば、その一・五倍以上で、農家が農業を続けることができる水準です。残りの六〇〇〇円は鳴子の米プロジェクトを進めるNPOの活動資金となり、都市との交流や若い担い手の育成などに役立てられます。

このあとで展開する農業の規模拡大を進める話と一見矛盾するように感じるかもしれませんが、たとえ規模が小さくても、先祖が開拓した田んぼを守りたい、農業を続けていきたいという農家のみなさんの切なる思いをしっかり受けとめる政治も必要なのだと思います。ただ、やみくもに誰にでもカネを配って、努力を重ねている人も、そうでない人も、同じ扱いを受ける、そのために税金を垂れ流すいまの政策はまちがいであり、根本から改めなければなりません。

大切なのは、こうした努力を消費者が理解し、実際に購買行動によって、彼らを支えるという動きです。アメリカではコミュニティ・サポーテッド・アグリカルチャーとよばれ、安全でおいしい食べ物を得たい、そのためには、安全でおいしい食べ物を作ってくれる農家を支えることが必要だという考えが消費者のあいだに広まりつつあります。鳴子の米の取り組みはまさにコミュニティ・サポーテッド・アグリカルチャーと言えましょう。

重要なのは情報です。まじめに作っている人の情報、安全でおいしい農作物であるという情報を消費者が得られるようにしなければなりません。

活路はどこに

今後、中国やインド、インドネシアといった人口の多い国の経済成長が続けば、何十億人の食生活ががらっと変わっていくことになります。かつてはマグロを食べなかった中国人が、いまや築地マグロの初競りで、何千万円という最高値で買っていくようになりました。

これからの日本の農業は、輸入規制などで海外からの輸入品との競争を避けたり、減反のように量を管理することで価格を維持していこうとするよりも、得意な作物を海外に輸出したり、日本の資本や技術をもって海外で農業を展開したりしていくことに活路を見出すべきでしょう。

食料の過半を輸入に頼っている以上、食料の安定的な輸入も大切なことですが、国内の農業生産力の向上にも取り組まなければなりません。そのためには、たんに農地を維持していくだけでなく、農地を活用する経営力が必要になってきます。

人口減少と高齢化は、日本人の食生活を、そして日本の農業を急速に変えつつあります。日本人の一人一日当たりの摂取カロリーは、一九七五年の二二二六キロカロリーをピークに徐々に減りはじめ、二〇〇〇キロカロリーをきって、いまや一九〇〇キロカロリー以下となっています。

人口そのものが減り、高齢化により一人当たりのコメの消費量も減っていく日本では、コメの総消費量もますます減っていきます。日本人の一人一ヵ月当たりのコメの消費量は、二〇〇〇年度の五一四七グラムから毎年一パーセント程度減少しつづけ、二〇〇七年度には四八一四グラムまで落ちこみました。このままでは、わが国の水田は、どんどん不要になってしまいます。そしてこれはコメだけでなく他の穀物や野菜も同じことです。

そのためには農水省の予算取りのためのまやかしではなく、農地を高度に活用することができる強い農業経営の育成を、政策の評価対象としなければなりません。

意味のないカロリーベースの食料自給率

日本の農業の発展の邪魔をしているのが、農水省が捏造しつづけてきたカロリーベースの食料自給率というデタラメです。四〇パーセントしかない食料自給率を上げていかないと、日本の食卓に危機が忍び寄りますという農水省のキャンペーンに、どれだけの人がだまされてきたでしょうか。

日本の食料自給率は、一九六八年度以来、諸外国同様に生産額ベースで発表されてきました。日本の二〇〇七年の生産額ベースの食料自給率は六六パーセントにもなります。ところが、日本の農業の危機を演出し、外交交渉や予算の獲得に役立てようとした農水省官僚が、より食料自給率が低く見えるカロリーベースを思いついたのです。

農水省が作ったカロリーベースの食料自給率の計算式は、次のようなものです。

◆国産食料のカロリー／（国産食料＋輸入食料－輸出食料）のカロリー

この式の分母から計算すると国民一人一日当たりは二六〇〇キロカロリー。生まれたばかりの赤ちゃんからおじいちゃん、おばあちゃんまですべての日本人が毎日平均して二六〇〇キロカロリーも食べていれば、日本人はみんな肥満で生活習慣病になってしまいます。実際には食べてもいないカロリーを分母にして食料自給率を計算しても意味はありません。

いまや日本人の一日平均の摂取カロリーは一九〇〇キロカロリー以下にしかならないのです。分子にあたる国産食料のカロリーを一人当たりにするとおよそ一〇〇〇キロカロリーですから、一〇〇〇キロカロリーを一九〇〇キロカロリーで割れば、五三パーセントになります。つまり現実には、いまでも日本のカロリーベースの食料自給率は五三パーセントあるのです。政府の二〇二〇年度の自給率目標は五〇パーセントですが、現実はそれをすでに三パーセントも上回っています。

そして、これから先、日本の高齢化比率が高くなるにつれ、日本人の一人当たりの摂取カロリーは減っていきます。つまり、今後、国産食料の生産量を維持するだけで、食料自給率はゆるやかに上昇していくのです。

もう一度、カロリーベースの食料自給率の計算式を見てください。もし、戦争が起きて、食料の貿易が全部止まったら、輸出がゼロ、輸入もゼロ。計算式の分子と分母が同じになり、食料自給率は一〇〇パーセントになります。つまり、太平洋戦争末期のような状態の日本をこの式にあてはめて食料自給率を計算してみると、食料自給率は一〇〇パーセントですが、日本人は、みんな飢えていました。こんな数字を政策目標に使うことに、何か意味があるのでしょうか。

このカロリーベースの食料自給率は、二〇〇八年に前年比で一ポイント上昇しました。このうちの〇・五ポイントは、チーズと大豆油原料用大豆の輸入が減少したことで計算式の分母が小さくなったことによります。

農水省は、あたかも世界各国がカロリーベースの食料自給率を計算しているかのように発表していますが、カロリーベースの食料自給率なるものを計算している国は、世界中で日本と韓国だけです。日韓両国以外のカロリーベースの食料自給率の数字は、すべて日本の農水省の計算によるものです。しかも、農水省は、各国の自給率の計算根拠となるデータを開示しないし、計算式の分母と分子がいくつかすら公開していません。世界的には、なんの意味もないこの数字を掲げて、必死に予算を増やそうというのが農水省なのです。

食の安全のために必要なこと、ムダなこと

日本では、食用にするすべての牛にたいしてＢＳＥ（狂牛病）に感染していないかどうかの検査をしています。いわゆる全頭検査です。

ＢＳＥは、異常プリオンと呼ばれるたんぱく質が原因で起きます。吸収された異常プリオンは、延髄の閂《かんぬき》部と呼ばれるところにもっとも濃くたまるとされ、全頭検査ではここを切り取っ

て検査します。しかし、生まれてから約二十ヵ月経っていない牛では、プリオンの濃度が低く、検査の検出限界に達しません。食品安全委員会は、月齢二十ヵ月以下の牛からは、プリオンを検出する可能性がないと結論を出しています。しかし、日本でおこなわれている全頭検査の対象の多くは、この月齢二十ヵ月以下の牛なのです。

もうひとつ、検査に意味がない理由があります。異常プリオンは、その九九・四六パーセントまでが特定危険部位と呼ばれる部位に蓄積されます。ちょうど、フグの毒が決まった場所にしかたまらないのと同じです。だからフグの毒と同じで、その特定危険部位を除けば、異常プリオンは取り除かれるので、人体に危険はありません。

フグを全匹検査すれば、おそらくすべてのフグから猛毒が検出されるでしょう。しかし、それでも日本人は、毒の検査などやらずに、毒のある部位を取り除いてフグを安心して食べています。BSEもまったく同じです。検査をしていないが特定危険部位を除いた牛と、検査して陰性だったが特定危険部位を除いていない牛を比べると、検査していないが特定危険部位を取り除いた牛のほうがはるかに安全です。だから、BSE対策でより重要なのは、検査ではなく、特定危険部位の除去なのです。

結論としては、月齢二十ヵ月以下の牛のBSE検査は科学的には意味がありません。やってもやらなくてもリスクは変わらないのです。だから、この検査に税金を投入すべきではありません。

日本でBSEが発生し、BSEパニックが起きたとき、それを鎮める意味で全頭検査を導入したことには一理あったかもしれません。問題は、パニックが収まってもきちんと政策転換しないで、全頭検査をやめられなかったことです。

全頭検査をやれというのは言いやすい。全頭検査をやめようというのは言いにくい。でも、それが科学的に無意味であり、税金が使われている以上、やめるのが正しい結論です。食肉センターの管理運営とBSE検査は、都道府県と政令市の業務になっています。二〇〇八年七月三一日で、厚生労働省は月齢二十ヵ月以下の牛を対象としたBSE検査にたいする補助を打ち切りました。そして、いまだにこの全頭検査をどこもやめていません。これが日本の現実です。

こうしたムダな検査をやめて、その予算をもっと食の安全に役に立つ施策を実施するよう消費者がきちんと声をあげなければなりません。

2 「戸別所得補償制度」のまやかし

経営効率が低すぎる

わが国では、コメや麦、大豆といった土地利用型作物と呼ばれる農作物の農家当たりの作付面積が小さいことはよく知られています。たとえば平均的な農家の水田面積は、都府県で一・七へクタール、北海道で一〇・六ヘクタールと著しく規模が小さくなっています。そのうえ、水田面積の大きな農家でも、一ヵ所にまとまった水田をもっているのではなく、あちこちに分散した水田のあいだを移動しながら作業をおこなわなければならないところが多いのです。他の農家から農地を借りて規模拡大をした農家は、ほとんどの場合、水田が分散してしまっています。そのため、農機の移動に時間とコストがかかり、経営効率が上がりません。

さらに、土地を借りて、規模を大きくした農家の水田の小作料負担も大きな問題です。水田一〇アール当たりの実納小作料は、二〇〇八年の調査で、一万四一〇七円にもなり、コメの生産費に占める割合の一二パーセントにものぼります。とくに良質なコメのとれる地域で、コメの作り手が多い地域ほど、この地代負担が高くなる傾向にあります。本来、コメの生産者が得るべき付加価値が、コメを作らない地主に流出してしまっているのです。

高齢化が進む日本では、コメ作りの担い手が減りつつあります。コメ作りに直接関わる田植えや稲刈りなどの作業の人手が減っていくだけでなく、農業に欠かせない用排水路の管理や畦畔の草刈りなどの作業にも手が回らなくなっています。個別経営の農家では、規模を拡大すればするほど一〇アール当たりの粗収入が下がっていく傾向にあります。それと比べて集落ごとに共同で作業をする集落営農では、そうした傾向は見られません。集落営農では、個々の農家と比べて作業の人手を確保しやすいことが収量の差にあらわれているようです。

コメの生産コストの現状（10a 当たり）

		平均（1.4ha）	構成比	15ha 以上	比率
材料費	種苗費	3,396	2.5%	1,884	55%
	肥料費	9,388	6.9%	7,322	78%
	農薬費	7,413	5.4%	5,464	74%
	諸材料費	1,924	1.4%	1,589	83%
	計	22,121	16.2%	16,259	74%
労務費（労働費）		36,707	26.8%	20,774	57%
製造経費	賃借料料金	11,623	8.5%	5,779	50%
	動力光熱費	4,059	3.0%	3,523	87%
	土地改良水利費	4,853	3.5%	5,051	104%
	農機具費	27,218	19.9%	17,773	65%
	建物費	6,852	5.0%	3,388	49%
	自動車費	3,823	2.8%	1,460	38%
	生産管理費	352	0.3%	406	115%
	租税公課	2,360	1.7%	1,271	54%
	支払小作料	16,779	12.3%	19,517	116%
	計	77,919	57.0%	58,168	75%
合　計		136,747	100.0%	95,201	70%

平成 22 年産米生産費（農業経営統計調査・農産物生産費統計）より

農地の貸し剝がし、奪い合い

民主党政権の「戸別所得補償制度」は、コメの年間生産高が一兆八〇〇〇億円のところに二〇一〇年度だけで五六〇〇億円の補助金を投入しました。コメを作ることでお金をもらえるこの制度が始まったために、これまで規模拡大を目指す農家に農地を貸し出したり、集落営農に参加したりしていた農家のなかには、補助金目当てに農地を貸し出すことをやめ、みずから稲作をするようになった者も出てきました。農地の貸し剝がしです。

規模の小さい農家ほど稲作のコストが高くなり、赤字になる可能性が大きくなります。民主党の戸別所得補償は一〇アール当たり全国一律の単価（一万五〇〇〇円）で交付するもので、「戸別所得」を補償するものではありません。規模の小さい多くの農家はこの戸別所得補償をもらっても赤字は解消されないし、農地を貸し剝がされることになる大規模農家は、それによって打撃を受けます。結果として、農業の競争力向上を妨げることになります。

しかも民主党は、戸別所得補償の新設にあわせて、麦や大豆が作れるように水田を整備する土地改良の予算を大幅に削減しました。水はけの悪い水田そのままでは麦や大豆をうまく作ることはできません。強い農業を作るという目的に、戸別所得補償はまったく逆行しています。

かつての自民党は、担い手と呼ばれる農家を特定して、その農家の規模拡大をめざしてきました。しかし、残念ながらこの政策がうまくいったとは言えません。水田の規模拡大は、陣取りゲームで、誰かが陣地を取ったら他の誰かが陣地を失うことになります。水田面積の拡大に成功する農家がいるということは、その分、水田を手放す農家が出ることになります。

農地法の改正で、水田を貸し出すことは容易になってきましたが、水田を貸し出した農家は、地代を受け取るにせよ、もはやその土地で果たすべき役割はなくなってしまいます。だから、担い手の規模拡大のために自分の農地を売却したり、貸し出したりすることに農家は抵抗を感じてきました。加えて、いまの日本の農地の状況で、規模の拡大を条件に助成を出すことは、農地面積の拡大をめざす農家のあいだに、農地の奪い合いを引き起こすことになります。

ではどうするべきなのでしょうか。

「地域営農交付金」制度

稲作農家にたいする助成金は、稲作のコストを引き下げ、稲作の競争力を強くするものでなければなりません。

稲作のコストを下げるためには、規模の拡大と同じように面的集積、つまりひとつの農家が耕作する田んぼを隣同士に集めることが役に立ちます。農家ごとに水田をまとめて耕作することができれば、作業効率は格段に向上し、コストを引き下げることができます。

だから、規模拡大を無理して進めるのではなく、それぞれの農家がもっている水田をまずは隣同士に集め、それぞれの保有する農地を使いやすいようにひとつに集めていく面的集積にたいするインセンティブを農地を保有する地権者にたいして出すべきなのです。

農地の面的集積をすすめたうえで、それぞれの地域で次世代のコメ作りの担い手を育てていくことが必要です。

担い手に農地を提供した農家には、その地域で農業を効率的に営むために必要な地域の農地や水資源などの「農地インフラ」を管理する業務に携わってもらい、その役割にたいして助成金を支払います。これが私の提案する「地域営農交付金」（仮称）制度です。農地インフラの管理には、その地域の水資源の管理、畦畔や農道の管理、景観の維持、その地域の農地を利用した家庭菜園での市民への農業指導などが含まれます。つまり、地域ごとに、その地域の農地を利用して農業を営む経営者と、これを支えるためにその地域の農地のインフラ整備にあたる管理者とに役割を分担していく政策を導入するのです。

農業には従事しない地主にも農地インフラの管理という役割を担ってもらい、その農地インフラの管理にたいして公的な助成をおこなうのです。彼らに農地インフラの整備を専門的にやってもらうことで稲作を続ける農家は耕作に専念することができます。

これまでのたんなる規模拡大推進政策では、農地を提供した農家は地代を受け取るとその地域の農業とかかわることがなくなってしまいましたが、新しい制度では、そうした農家に農地インフラの管理というその地域での役割を果たしてもらうことになります。中山間地では、平地よりも農地インフラの整備がたいへんであり、その分、助成は増やさなければなりませんが、「中山間地域等直接支払制度」と一体的に運用することで、政策の効果を高めていくことができます。

郵便はがき

料金受取人払郵便

小石川支店承認

1187

差出有効期間
平成25年3月
31日まで

112-8731

東京都文京区音羽二丁目
十二番二十一号

講談社
学芸図書出版部　行

★この本についてお気づきの点、ご感想などをお教え下さい。
(このハガキに記述していただく内容には、住所、氏名、年齢などの個人情報が含まれています。個人情報保護の観点から、ハガキは通常当出版部内のみで読ませていただきますが、この本の著者に回送することを許諾される場合は下記「許諾する」の欄を丸で囲んで下さい。

このハガキを著者に回送することを　許諾する　・　許諾しない　)

愛読者カード

今後の出版企画の参考にいたしたく存じます。ご記入のうえご投函ください ますようお願いいたします（平成25年 3月 31日までは切手不要です）。

お買い上げいただいた書籍の題名

a　ご住所　〒□□□-□□□□

b　お名前《(ふりがな)》

c　年齢（　　　）歳

d　性別　1 男性　2 女性

e　ご職業　1 大学生　2 短大生　3 高校生　4 中学生　5 各種学校生徒　6 教職員　7 公務員　8 会社員(事務系)　9 会社員(技術系)　10会社役員　11研究職　12自由業　13サービス業　14商工業　15自営業　16農林漁業　17主婦　18家事手伝い　19フリーター　20その他（　　　　）

f　本書をどこでお知りになりましたか。

1 新聞広告　2 雑誌広告　3 新聞記事　4 雑誌記事　5 テレビ・ラジオ　6 書店で見て　7 人にすすめられて

8 その他（　　　　）

g　定期的にご購読中の雑誌があればお書きください。

h　最近おもしろかった本の書名をお教えください。

i　小社発行の月刊ＰＲ誌「本」（年間購読料900円）について

1 定期購読中　　2 定期購読を申し込む　　3 申し込まない

提案する「地域営農交付金」制度の概要

〈交付対象者〉
農地権利者等で構成する組織・法人

〈交付要件〉
1. 畦畔の草刈りや水路掃除など圃場管理作業を実施
2. コメや畑作物（対象作物）の生産目標数量に従った農地利用計画の策定
3. 対象作物の作付圃場について農地地代相当額無償で経営体へ面的集積（ただし、対象作物以外の野菜などの作付圃場も交付対象）

〈交付単価〉
○ 水田：15,000円/10a
○ 畑：5,000円/10a

〈予算規模の試算〉
3,432億円（水田［237万haの8割］：2,844億円、畑［196万haの6割］：588億円）

集落の機能と農業の範囲

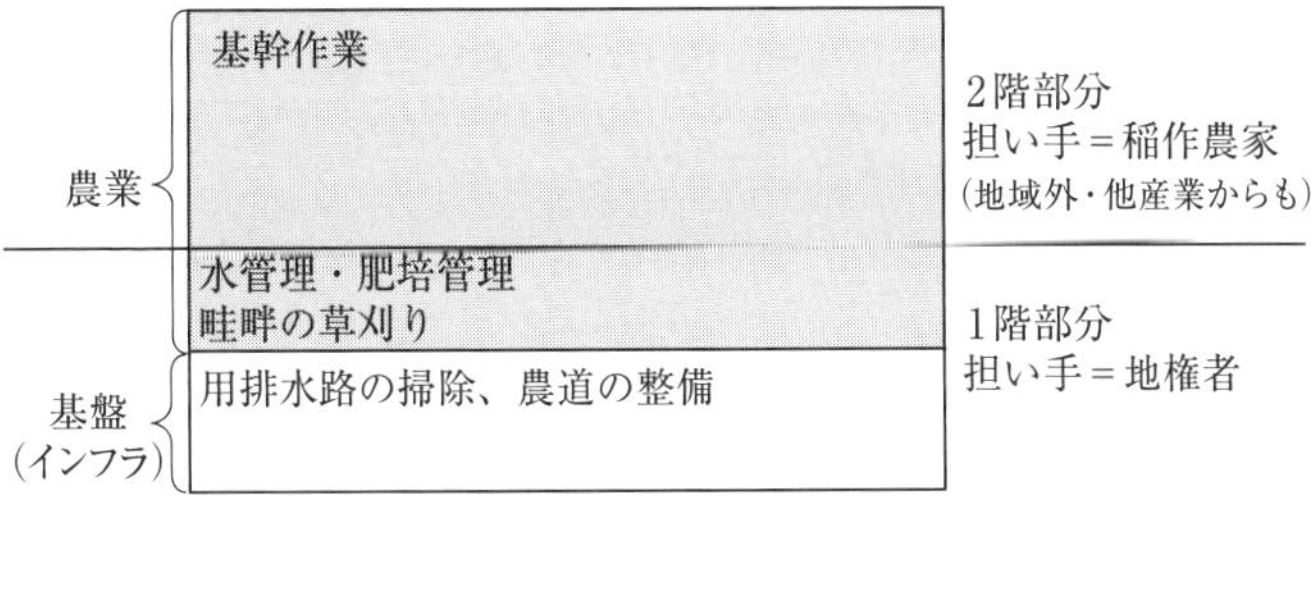

これにより、良好に管理され、大規模に面的集積された農地で耕作に専念できる稲作農家の競争力は、将来にわたって向上していきます。将来的には農地インフラの管理にたいする助成金は、国家財政からすべて賄うのではなく、利潤を増やした稲作農家が一部負担することができるようになるでしょう。

この地域営農交付金を推進力として「二階建て方式」による農業を進めていきます。その地域で農地を所有している農家の組織で農地をまとめて効率的に利用できるよう農地利用計画を策定し、稲作を続ける農家がその農地を利用して大規模で効率的な農業を展開します。

一階部分に当たるのが土地を持つ地権者の組織です。この地権者組織は、田んぼの畦草刈りや水路掃除をおこなうだけでなく、隣り合った田んぼをまとめて（面的集積して）ひとつの稲作農家が使えるように農地の利用を調整します。そして、この面的に集積された使いやすい農地を、農地地代をタダにして二階にあたる稲作農家に一括提供します。分散した農地を一ヵ所にまとめることができ、地代が無料になれば、低コストの強い農業をつくることができます。そのために、まず、農地を面的に集積し、それを無償で稲作農家に提供することを条件に、一階の地権者組織に「地域営農交付金」を出すのです。

そして二階の農業経営には、地域の農家だけでなく、地域外や他産業からの参入も促進し、競争力を育てていきます。

減反は廃止

日本の水田面積は、主食用のコメの生産に必要な面積を超えています。そのためつねに、コメは生産過剰に陥りやすい構造になっています。

わが国には、約二四〇万ヘクタールの水田と約二〇〇万ヘクタールの畑がありますが、日本人が食べるコメを作るためには、一六四万ヘクタールの水田があれば足ります。もし二四〇万ヘクタールの水田すべてでコメを作ってしまえば、コメの需給バランスは大きく崩れてしまいます。そのために七五万ヘクタールの水田で主食用のコメ以外の麦や大豆への転作が奨励されるべきなのですが、コメと麦・大豆との収益性の格差が大きく、なかなか転作につながりません。そこで、麦や大豆を作ってもらおうと転作にたいして助成をしてきました。

自民党政権下では、コメの生産調整と合わせて、コメや麦、大豆といった土地利用型農業への所得補償を実施してきました。しかし、この助成の対象を事実上、減反に参加する大規模な農家、つまり原則として四ヘクタール以上の農地を耕作している認定農業者または二〇ヘクタール以上の集落営農組織に限っていました。これは一定以上の農地をもたない農家に、最初からあなたは相手にしないというようなもので、農家からの反発も少なくありませんでした。しかも、現実には「枝番方式」とも「なんちゃって集落営農」とも呼ばれる、形だけの組織を作って助成金をもらって農家で分けあうという裏口があり、政策にたいする信頼は薄かったと言わざるをえません。

作付面積の比率

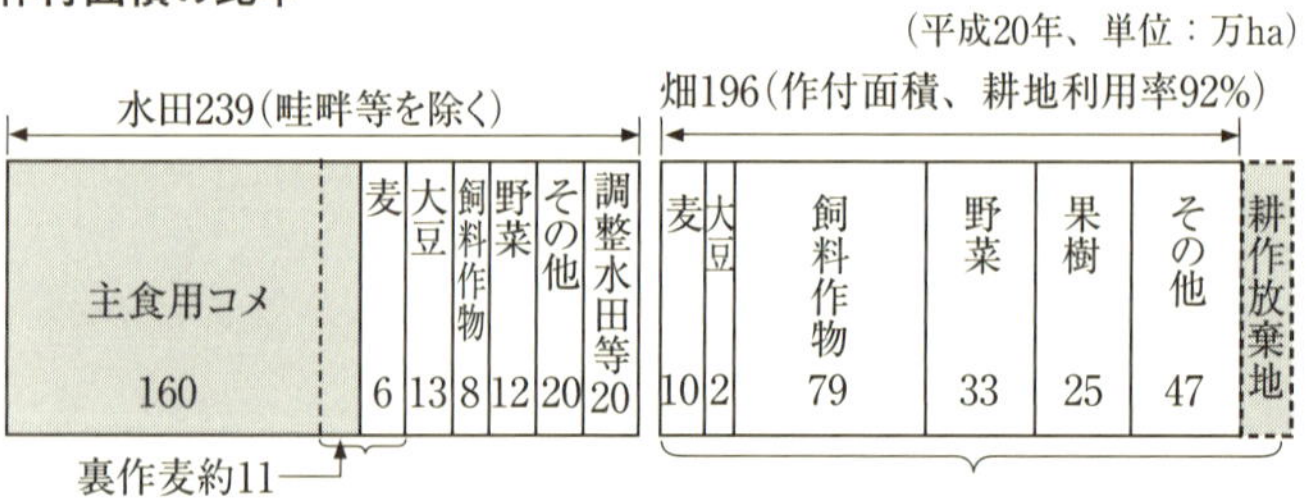

本来、水田を利用して畑作物を栽培するためには、団地化と言って畑作物を作る田んぼを一ヵ所にまとめて水はけをよくする必要があります。また、団地化した田んぼで何年も続けて大豆を栽培すると雑草が増えて収量が落ちてきます。このため、団地化した田んぼを二～三年周期で水田と畑地に交互に転換しながら利用する「ブロックローテーション」という取り組みが必要になります。そのためにはそれを可能にする近隣の地権者の合意を取りつけなければなりません。また、一部の湿田では、そもそも水稲以外の作物の栽培が困難だったりします。

だから、すぐに減反を廃止してしまうと、ブロックローテーションのような地域の合意の上に成り立ってきた効率的な土地利用のしくみが壊れてしまい、水田を利用した大豆やソバなどの生産を続けられなくなります。その結果、水田での農作物の作付けが転作作物から急激にコメに戻り、コメ価格が暴落することになりかねません。急激にコメ価格が下がってしまうと、規模の小さい農家よりも大規模な稲作経営ほど深刻なダメージを受けることになります。

そこで、まずは、地権者組織が水田の面的集積を進めるときに、その集積された農地を利用する農家が主体となってその水田に何を作付けするか土地利用計画を策定します。これによって単なる減反よりも農家の経営の自由度は高まります。こうして経営の規模拡大と面的集積による効率化によって水田農業のコストは下がります。そして、将来的に、輸出しても採算が取れる水準にまで稲作のコストを下げることができれば、コメの生産調整は必要なくなります。

黒字の出る農業に

現在の政策がむしろ農業発展の妨げになっていることを示すエピソードがあります。

東北地方のある農業法人が地方銀行から融資を受けようとしたところ、営業利益が赤字の経営計画ではダメだと計画の作りなおしを求められました。しかし、全国的に見ても稲作に加えて麦・大豆などの転作作物を栽培する水田経営のほとんどが営業利益は赤字です。その営業利益の赤字を水田活用の所得補償交付金（転作助成）や米の所得補償交付金で埋めてようやく経常利益が黒字になるのです。

農業の実態を知らずに農業に融資をしようとするその地方銀行にも問題がありますが、そもそも営業利益が赤字であたりまえという水田農業のありかたを変えなければならないでしょう。他産業並みの収支構造にならなければ、経営者は農業に誇りをもてません。そのためにも、営業赤字を交付金で埋めるのではなく、営業黒字を出せる農業に変える政策が必要です。

地域営農交付金によるコスト削減効果

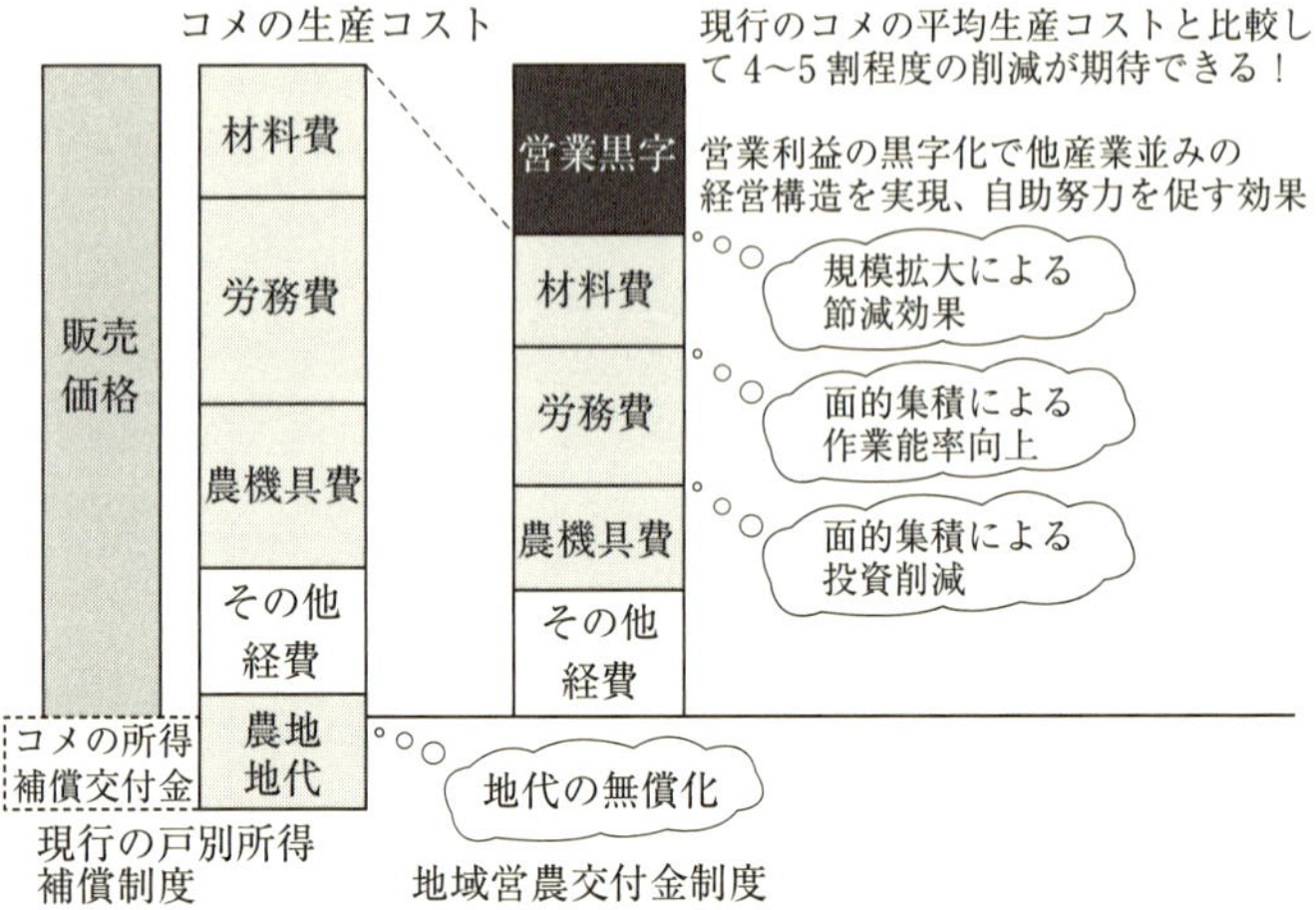

水田で大豆などの畑作物の栽培を続けるために、現行の「畑作物の所得補償交付金」は存続させます。一方でコメを作らない代償としての性格が強い「水田活用の所得補償交付金」を廃止します。いまの転作助成の仕組みでは、転作をすれば誰でも交付金がもらえる半面、水田を団地化しないで転作作物を栽培する「バラ転」といわれる形も少なくなく、生産性の低下を招いているからです。

その代わりに水田における麦や大豆、飼料用稲等といった戦略作物を栽培する農家に対して、作物間の収益格差を是正するだけでなく、農家が主体的に実施するインフラ投資への助成の役割も果たす「水田改良資金交付金」(仮称)を創設します。

この交付金は、農家に資金を無利子で供給すると同時に、水田の排水対策などの土地改良や戦略作物の栽培に必要な機械施設の投資等を実施した場合に、供給資金の返済を免除し、国庫補助金に転換するというものです。

3　畜産・酪農と都市農業の未来

わが国の畜産の抱える問題

日本の畜産は、カロリーベースの食料自給率という農水省のフィクションの犠牲になってきました。新しい農政は、稲作以上に不安定な要素を抱える畜産農家の不安にしっかりと向き合う必要があります。

日本の畜産は、飼料の多くを輸入に頼るようになっているために、畜産物そのものは国産であっても、農水省がカロリーベースの食料自給率を計算する時には、輸入飼料を食べさせていることから、畜産物のカロリーも輸入扱いとする奇妙な計算がまかり通ってきました。先に述べたように、カロリーベースの食料自給率など、政策目標になるものではありませんので、これはいわれなき誹謗です。とはいえ、現実に飼料の輸出国や日本以外の飼料輸入国の食料事情の変化など、輸入飼料の確保には不安定な要素が多く、輸入飼料への過度な依存は日本の畜産の抱える根本的な問題です。

日本では、畜産・酪農は、北海道と南九州に集中しています。北海道の広大な草地を利用して諸外国並みのさまざまな方法を導入したりするなど、地の利を生かして自然に立地が集積してきた面もあります。他方、集中することで配合飼料の流通経費を抑えられたり、畜産では集中立地により屠畜場などの施設整備を集中的に進められたり、酪農では集送乳経費を削減できたりします。こうしたコストを抑える工夫からも、政策的に集中立地を促進してきた結果でもあります。

しかし、時にはこの集中立地が弊害を生むこともあります。いちばんわかりやすい例は、二〇一〇年に宮崎県で発生した口蹄疫が甚大な被害をもたらしたことでしょう。地域経済へのダメージはもとより、日本全体の畜産にも大きな影響を及ぼしました。

また、現在の北海道、南九州への二極集中は、食品残渣《ざんさ》や国産粗飼料の利用の観点からも問題が多いのです。たとえばオカラ（豆腐カス）のような利用可能な食品残渣も、酪農経営の立地が偏ることにより、一部地域では使いきれずに廃棄することになったり、他の地域では流通できずに使えなかったりということが起きています。輸入飼料を置き換えることができるはずのこうした飼料も、それを使い切るところまでいっていないのが現実です。

さらに、南九州で作られた堆肥が、九州地方だけでは消費しきれずに、中国地方にまで販売されています。輸送コストがかかるだけでなく、輸送の際に排出している炭酸ガスなどが地球温暖化対策において将来的に問題となっていくことも予想されます。

国産飼料を基盤とする構造への転換

畜産、酪農に関しては、国産飼料への転換を後押しする政策が求められます。まず、国内で生産される飼料稲、牧草、デントコーンの供給拡大を図るためにも、こうした飼料作物をつくるコントラクターと呼ばれる事業者にたいして、水田農業と同じように農地を一ヵ所に集める面的集積を促すしくみが必要です。

さらに、飼料輸入を促進する政策を廃止します。配合飼料の供給価格が引き上げられたときに、畜産経営者と配合飼料の供給者による積立金から畜産経営者に価格補塡をする「配合飼料価格差補塡金」という制度があります。この制度では、価格の異常な引き上げがあったときには、国庫から異常価格差補塡金が支払われます。その額は二〇〇七年度で三八一億円、二〇〇八年度で四二〇億円、二〇一一年度で一〇一億円にものぼります。

しかしこの現行の制度のままでは、輸入飼料の価格上昇の影響を、国庫支出により緩和してしまうため、輸入飼料の利用を奨励することになってしまっています。現在の制度では、輸入される飼料のコストが高くなると、輸入飼料を使っている生産者にたいする補塡金額は、使用した輸入飼料の量が多いほど増えるしくみになっているからです。そのため、飼料の安定供給対策については、制度を抜本改正し、輸入飼料の価格変動を緩和する対策ではなく、国産飼料の利用拡大と低コスト化を推進するしくみに変えます。ここで、三つの政策を提案します。

まず一つ目が、「国産飼料作物購入助成金」（仮称）です。

民主党政権の戸別所得補償制度では、飼料稲などにたいして一〇アール当たり八万円の「水田活用の所得補償交付金」が稲作農家に支払われています。飼料稲には、飼料用米と稲ホールクロップサイレージ（ＷＣＳ）という二種類があります。飼料用米とは、収穫したコメを脱穀してエサ用にするものですが、流通経費を差し引いた販売価格はほとんどタダに近くなります。このため、稲作農家にとっては、収量が多くても少なくても、品質のよいものを作っても悪いものでも、手取りは変わりません。このため、「捨て作り」といって、手抜き栽培をする農家も多く、モラルハザードを生んでいます。こうしたいまのやりかたでは、飼料作物の生産性向上に寄与しません。

一方、ＷＣＳの場合、刈り取った稲を脱穀しないでワラといっしょに乳酸発酵させて利用しますが、ＷＣＳ専用の収穫機械や梱包機械が必要になります。このため、実際の刈取り作業は酪農家の側がおこなうことも多く、収穫した稲を酪農家にタダで引き渡す代わりに、酪農家の側が安く刈取りをおこなうケースも多くなっており、飼料用米と同様に捨て作りの問題が起きています。

これにたいして、新しい「国産飼料作物購入助成金」（仮称）では、飼料作物の生産・販売者ではなく、購入者に助成することによって、飼料作物が対価をもった形で地域の取引市場に出てくることを促します。畜産家や乳牛用のエサであるＴＭＲ（Total Mixed Ration）飼料を製造するＴＭＲセンターとよばれる施設にたいして、飼料稲を栽培する稲作農家やコントラクターと三年以上の購入契約を締結してもらうことを条件に、国産飼料作物を購入するための助成金を交付し

提案する「国産飼料作物購入助成金」制度の概要

〈交付対象者〉
国産飼料作物を購入する畜産農業者、TMR センター等
〈交付要件〉
飼料作物の生産者との間で 3 年以上の購入契約を締結
① 栽培面積及びその面積で生産した飼料作物の全量を有償で引き取ること
② 単位（kg またはロール数など）当たりの取引価格（一定の品質を基準とし、品質が低い場合には単価を減額）
〈交付単価〉
○ 飼料稲・45,000 円/10a
○ 一般飼料作物：5,000 円/10a
〈予算規模の試算〉
494 億円（飼料稲：257 億円 [57,000ha]、一般飼料作物：237 億円 [474,000ha]）

畜産・酪農所得補償保険のイメージ図

経営環境の変化に対し迅速に資金供給
2〜3年後に保険金給付をおこなって所得を補塡

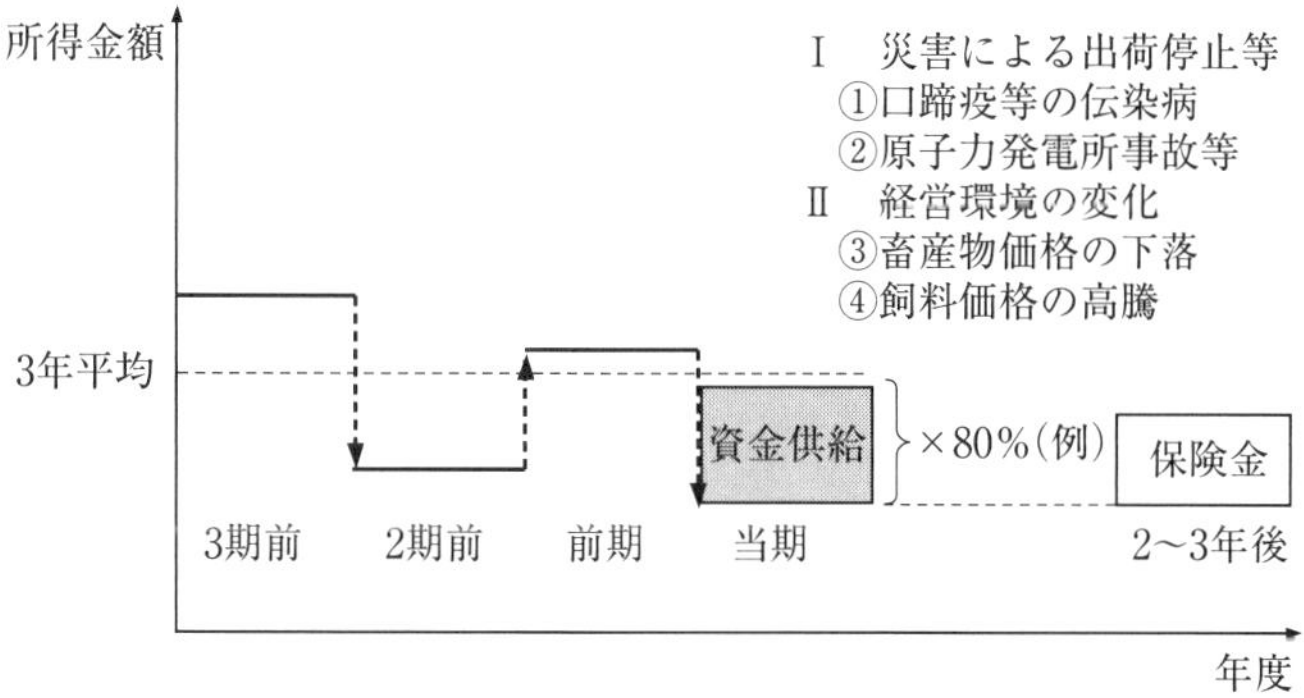

社団法人日本農業法人協会作成資料より引用。

ます。購入価格はあらかじめ契約で定めることになりますが、農家やコントラクターが作る飼料作物の品質は、一定以上を維持しなければならず、品質が低い場合には単価を減額することになります。

こうしていったん価格が形成されれば、よいものをたくさん作ったほうが有利になりますので、捨て作りの歯止めになり、飼料作物の生産性の向上にもつながります。

畜産・酪農所得補償保険の創設

ただ、輸入飼料に依存した日本の畜産の状態が大きく変わらないうちに配合飼料価格差補塡制度を廃止すれば、飼料価格の高騰が畜産・酪農経営に大きなダメージを与えることになります。そこで、畜産・酪農経営を対象とした政策のふたつめの柱として所得補償保険制度を導入します（前ページ参照）。

この制度は、畜産・酪農経営について、自助努力の経営を基本としつつ、所得補償保険を導入して畜産・酪農経営の安定化を図るとともに、畜産物価格の下落時や飼料価格の高騰時には、この保険金を担保としてキャッシュフロー減少を補う資金を供給します。この畜産・酪農所得補償保険制度の創設は、畜産経営者たちがみずから提案しているもので、全国約千七百五十の農業法人などを会員とする社団法人日本農業法人協会が二〇一二年三月にとりまとめた「日本農業の体質強化へ向けた政策提言」のひとつの柱になっています。

資金供給額の算定方法

算定期間（四半期または月）ごとに推定標準所得を計算し、算定期間終了後２ヵ月以内に資金供給

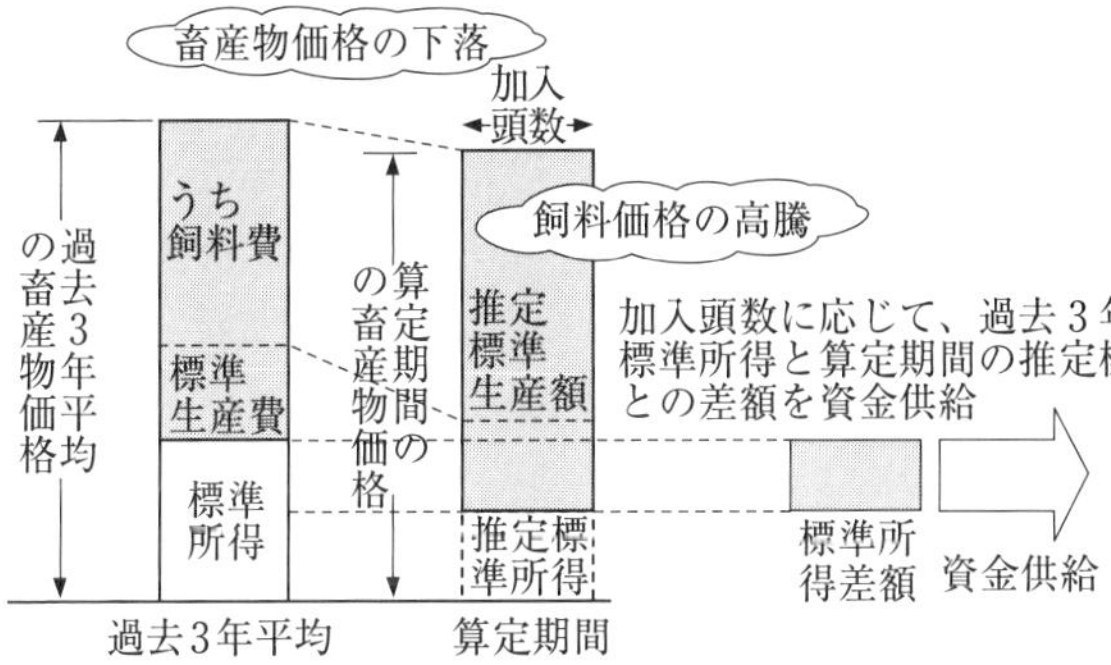
加入頭数に応じて、過去３年平均の標準所得と算定期間の推定標準所得との差額を資金供給

社団法人日本農業法人協会作成資料より引用。

新設される畜産・酪農所得補償保険は、飼料価格の高騰や畜産物価格の下落による所得の減少をみずからの保険料を原資とした保険金で補填するとともに口蹄疫の発生などによる出荷停止の損失を加入者全体の保険料で補填するしくみです。しかし、こうした保険金を算定するには個別の経営の所得を把握する必要があるため、保険金の給付までには一〜三年程度の時間がかかります。そこで飼料価格の高騰時や畜産物価格の下落時には、保険金が支払われるまでの間、将来の保険金を担保として、速やかに無利子の資金を供給します。

このとき、輸入配合飼料に依存しない畜産・酪農家も、保険加入者であれば一律に一頭当たりいくらという計算でつなぎ資金供給が受けられますので、国産飼料主体の経営ほど手元の資金力が強化されることになります。

この新制度の保険給付の一部に国費を充てること

で、制度への加入を促進します。その財源は、肉用牛免税制度を廃止するとともに、配合飼料価格差補塡制度や新マルキン（肉用牛肥育経営安定特別対策事業）などの経営安定対策を組み替えて捻出します。つまり、現行の畜種別の経営安定対策を所得補償保険による公的支援制度に統合していくことになります。現在の経営安定対策は、農水省所管の独立行政法人や外郭団体が畜種ごとに別々に担っていますが、所得補償保険制度になれば保険の運営を民間の保険会社などに任せることで行政改革にもなります。

ところで、肉用牛免税制度とは、農家または農業生産法人が、飼育した肉用牛（二ヵ月以上飼育）を家畜市場、中央卸売市場などの特定の市場に売却した場合に免税になるという税制上の特例措置です。不公平税制の是正は進めなければなりませんが、税制特例措置の廃止によって得られた財源の一部を肉牛経営の強化に充てることで、肉牛農家などの理解を得ていく必要があるでしょう。

一方、酪農経営の場合、飼料価格高騰によるコスト増を乳価に反映するのに二年間程度のタイムラグがあります。生乳の生産者価格は、酪農家の団体である指定生乳生産者団体と乳業メーカーとが、毎年、春先に乳価交渉をして決定しています。乳価は、生乳の需給状況だけでなく、酪農家の経営状況も勘案して決められますが、統計などによって経営状況を把握するのに一年程度の時間がかかるため、こうしたタイムラグが生まれます。

つまり、コスト増を価格転嫁によって補おうとしても時間がかかってしまいます。また、コスト増を速やかに価格転嫁できるようになったとしても、急激に乳価が上昇すると、牛乳メーカーが生乳ではなく脱脂粉乳を原料とする加工乳にシフトして、生乳需要が減退することになりかねません。だから酪農経営の安定のためには、価格転嫁よりもコスト変動の平準化が必要で、それを実現するために、所得補償保険が必要になってきます。

「都市農場」

畜産・酪農経営を対象とした政策の三つ目の柱が、都市鉱山ならぬ「都市農場」の実現です。現在、国内では、消費されなかった食べ物や、豆腐を製造するときにできるオカラなど莫大な量の食品が廃棄されています。畜産、酪農をおこなうために、これらを利用することができれば、輸入飼料よりも安い飼料を供給できるようになります。こうした都市部から排出される食品残渣などを飼料としてきちんと利用することで、いわば「都市農場」をシステム化する必要があります。

そのためには、たとえば食品業界が、弁当の作りかたから変えていく必要があります。箸袋や醤油の入った小袋などのプラスチック製品などが混入しないように、弁当の容器のなかに入れてよいもの、パックのしかたなどにもルールを設けることによって廃棄される食品がきちんと家畜の飼料として再生できるようなシステムの確立をめざします。たとえば、逆有償でなければ取引きされない食品残渣について、引取者にたいして引取量に応じた助成金を交付する手法が考えられます。

こうしたオカラなどの食品残渣を粗飼料と混ぜ合わせるためにTMRセンターや、廃棄される食品から豚用のエサであるリキッドフィーディング用飼料を製造する施設が必要になります。酪農・畜産がおこなわれている地域と都市農場が地理的に離れているために、流通とリサイクルのシステムをしっかりと確立していかなければなりません。

酪農、畜産のコストの半分以上が飼料コストです。都市農場を活用し、飼料コストを引き下げることができれば、日本の畜産業の競争力も改善されるでしょう。

卸売市場＋空港＝高付加価値農産物輸出拠点

日本農業の強みのひとつである果樹農業は、東京電力福島第一原発の事故による風評被害により、輸出を含めた販売不振に陥りました。脱原発、あるいは独立した規制組織の設立などの方針を明確に出し、日本の原子力はきちんと管理されていると世界に示すことで、日本の農作物の安心、安全への信頼回復に努めなければなりません。とくに、事故直後からのデータ隠しは、政府の発表にたいする信頼を打ち砕いてしまいました。その責任を痛感しなければなりません。

日本産の農作物の安全をきちんと示して、原発事故による風評被害をしっかりと抑えることができれば、日本の果樹農業は、世界市場で競争できます。

農業の売上げを伸ばすためには、成長著しいアジアの胃袋をターゲットにすることが合理的です。香港のシティスーパーという高級スーパーマーケットでは、日本のイチゴやリンゴが他国産の果物の三倍から五倍の価格で販売されています。日の丸ブランドの品質は海外の富裕層には高く評価されています。Ringo、Ichigo、Mikanといえば翻訳しなくとも、日本産のおいしい果実だと認識する人も多いのです。

しかし、個々の農家に輸出を奨励したところでハードルはきわめて高いものになります。単品を大量に扱うのであれば商社に任せることもできますが、需要者側のニーズに応えた多品種小ロットの輸出となるとすぐに傷むものだけになかなかむずかしいでしょう。そこで既存の流通インフラである卸売市場を活用します。日本の農産物の市場流通は多段階で非効率だとの批判もありますが、じつはレタスやトマトなどの小売価格にたいする生産者の手取り額の割合はアメリカよりも日本のほうが高いのです。

すぐに品質劣化を招く商品特性をもった野菜や果物は、どれだけ品質劣化によるロスを出さないかがビジネスの成否を分けます。果物や野菜の輸出となればなおさらのことです。つねに多種多様な複数の買い手がいて売り残しを出さずに瞬時に換金できる市場機能は、日本の農産物流通にとってきわめて合理的なのです。自社の集配センターをもつ大手量販店であってもこの調整機能はもっていませんので、卸売市場にその機能を頼っているのが現実です。

そこでこの卸売市場機能を、近隣の空港の機能と連結させ、日本の高付加価値農産物の輸出拠点にします。

「いちば」は本来、その位置する周辺の農産物を集荷し、新鮮な状態で同じエリアの消費者に届けることを目的に整備されてきました。現在では鉄道網や空路、高速道路の整備が進み、日本各地から集荷ができる体制になっています。

この集荷された高付加価値農産物をアジアの消費者に届けるしくみを、既存の流通システムを活用することによって安価に整備し、売り手と買い手の売り残しリスクや物流コスト、品質劣化によるクレームなどを最小化することができます。

たとえば、日本最大の青果市場である東京の大田市場の機能と、隣接する二十四時間化・国際化された羽田空港の機能を連結させます。つまり、大田市場の買参権を外国人バイヤーにも開放し、海外の仕入れ担当者を誘致するのです。

静岡のマスクメロンにたいして、東京の高級店よりアジアの都市のデパートが高い価格をつけるならば、商品はそのままコールドチェーンで結ばれた大田市場から羽田空港へ、そしてアジアの各都市へと輸送されます。

アジアの経済が成長するにつれて日本産の農作物の単価は上昇し、日本の農家の手取り額は上昇していくでしょう。大田市場と羽田空港だけでなく、日本各地の「市場―空港連結型農産物輸出拠点」が競争し、品質を高め、量を増やしていくのです。

農家は今までどおり丹精こめておいしい果物をつくり、いままでどおり市場に出荷するだけで、輸出にも対応できるようになります。

新しい発想ができない農水省ならば……

国際競争力のある農業創出のためには、輸出相手国の検疫制度などが非関税障壁にならないよう、相手国との輸出入に関する調整機能を強化し、農畜産物の輸出にかかわるコストを削減する必要があります。ＴＰＰなどで検疫などのルールを統一することは、じつは果樹輸出などには大きな追い風になるはずです。

また、農業法人などによる小口の輸出を支えるために、輸出に関する農産物の輸送・販売リスクを緩和する保険制度などを整備することも必要です。

流通が整備されれば、作物ごとの輸出振興組織を設立し、海外へのマーケティングを積極的におこなっていく必要があります。

たとえば全国のリンゴ農家が出資して「日本リンゴプロモーション協会」を立ち上げ、マーケティングのプロフェッショナルを雇い入れ、全世界に日の丸ブランドの高級リンゴを輸出していきます。この組織は、日の丸ブランドを確立し、各国の市場ごとにマーケティング戦略を立案し、輸出用に開発された品種の知的所有権の管理をおこないます。組織の立ち上げを支援するために、当初の五年間に限り、この組織の活動を公費で助成し、その後は各農家の輸出利益のなかから運営費を負担していくようにします。

国内の農作物市場の伸びが横ばいのなか、農作物の海外市場は右肩上がりで伸びています。日本の農家が背を向けてきた海外市場をしっかりと取りこんでいく必要があります。これまでの農水省の政策では、輸出振興予算よりも自給率その他の広報予算のほうが大きかったのです。まさに本末転倒です。

たんに予算を取るためにＴＰＰに反対しつづけ、こうした新しい発想ができないならば、農水省を経済産業省と統合して新たな「農商務省」にしなければなりません。

都市農業の位置づけ、株式会社の参入

今後、都市部では、農地の扱い、とくに農地の相続における税の扱いが問題になってきます。都市計画区域内の農地に関して、将来的にもずっと農地として使いつづけるのか、それとも将来どこかの段階で開発をするのか、一度、地域できちんと線引きをしなおす必要があります。

なかには農地として税の軽減を受けながら、最終的には開発、または売却をして利益を得ることを考えている地権者もいますが、それは許されません。将来的に開発するならば、税をきちんと負担するべきです。反対に、将来にわたっても農地として残されることになった土地は、所有権というよりも利用権という考えかたに立ち、相続税、固定資産税の負担を宅地なみではなく農地としての評価に限定する代わりに、譲渡したり転用したりした場合の利益が得られないようにする必要があります。

たとえば、相続の際に、永小作権《えいこさくけん》を設定してその権利を相続して相続人が農地としての利用を継続しながら、底地だけを物納する制度が考えられます。それによって、都市部の農業経営者は、納税資金を準備しなくても相続に対応することができます。また、相続人が農業をやらなくなった場合は、自治体などが利用権設定をあっせんして農業をやろうとする他の者にその利用を引き継いでいくことができます。

医療だけでなく農業でも株式会社の参入にたいするハードルが高くなっています。二〇〇九年の農地法改正で、株式会社も農地を借りて農業参入することはできるようになりました。しかし、農業委員会が株式会社の農地の利用状況が適正ではないと判断すれば、農地利用の許可が取り消されてしまうおそれがあり、また、農地の所有者から返還を求められれば返還しなくてはなりません。そのために、株式会社は土壌改良などの巨額の資金を必要とする投資をおこないにくく、生産性の向上に限りがあります。株式会社の本格的な参入のためには、農地の所有権を認める必要があります。

株式会社を使って農業に参入するのは、なにも大企業が農業に参入する場合だけではありません。新たに就農しようとする若者は、現状では金融機関から初期投資分を借り入れ、投資リスクを背負わなければならないのです。本来、起業者は、株式会社を設立し、出資者に株式を購入してもらって事業リスクを分散し、成功すれば配当で報いることができます。しかし、現行法では、農業従事者か農地提供者でなければ、親、兄弟であっても農業生産法人には出資できません。

農家の子どもならば、農業に従事せずに都市で暮らしていても、いずれは親の農地を相続し、定年退職して実家に戻り、農業を始められます。つまり、日本の農業は、産業ではなく家業になってしまっています。

農水省は、株式会社の農業参入に関して、医療や福祉で株式会社の参入を阻んだように、株式会社が農地を取得すると、利益のためにそれを農地から他の用途に転用するおそれがあると主張します。しかし、転用を許してきたのは、現在の制度ではないでしょうか。戦後の農地解放で、解放された農地は一九四万ヘクタールだったといわれます。それから今日まで、じつに二五〇万ヘクタールの農地が転用または耕作放棄され、消えていきました。それを許したのは株式会社ではなく、現在の農地制度です。

医療や福祉の議論とまったく同じように、株式会社が農地を取得するから農地が転用されるのではなく、制度が転用を許すから、農家でも転用をしてきたのです。今後とも農地として使う土地は転用を許さず、その代わりだれがそれを利用してもかまわない、いっぽう、農地として今後は使わないところは、土地に課税して開発を許可するという線引きをきちんとやるべきなのです。

第四章 三・一一後のエネルギー政策

私の約束

河野太郎政権ができたら

①「脱原発」を実現します
②再処理をやめます
③東京電力を破綻処理し、再出発させます
④電力会社の地域独占、総括原価方式を廃止し、発送電を分離します
⑤二〇五〇年までに現在の電力使用量から四割の省エネをめざします
⑥二〇五〇年までに現在の電力使用量の六割を再生可能エネルギーで発電することをめざします

1　大前提は「脱原発」

政策も時代によって変わる

天然ウランを濃縮、加工して燃料を作り、これを原子炉で燃やしてエネルギーを取り出すのが原子力発電です。地下資源に恵まれない日本は、ウランも石油も海外からの輸入に頼らなければなりません。そこでわが国は、限られたウラン資源を最大限活用するために、「核燃料サイクル」と呼ばれる原子力政策を採ろうとしたのです。

原子炉でウランを燃やしたときに出る使用済み核燃料を再処理するとプルトニウムが取り出されます。このプルトニウムを高速増殖炉という特別な原子炉に入れて燃やすと、理論的には発電しながらプルトニウムを増やしていくことができます。この「核燃料サイクル」によって、燃料となるプルトニウムを国内で増やすことができるため、原子力を準国産エネルギーとして位置づけました。

一九六七（昭和四十二）年に国の原子力委員会は、「高速増殖炉をわが国において自主的に開発することとし、これを『国のプロジェクト』として、強力に推進することとする」という基本方針を打ち出しました。

しかし、ある時代には正しい政策も、時代が変わると合理的ではない政策になるということはよくあります。かつては合理的な政策だと思われていた「核燃料サイクル」もその後の環境変化によって、誤った政策になってしまいました。

高速増殖炉の夢

プルトニウムを増殖させながら発電する高速増殖炉は、夢の技術です。石油やウランといった地下資源がない日本も、この技術が完成すれば二千年近く、電力のことを心配する必要がなくなる「バラ色の未来」があるはずでした。

現在使われている軽水炉でも、燃料に含まれるウラン238が中性子によりプルトニウム239に転換されています。しかし、軽水炉ではプルトニウムの生成量は消費されるウラン235に比べて多くなりません。

高速増殖炉の燃料は、二〇パーセントから三〇パーセントのプルトニウム239と少量のウラン235を、核分裂を起こさないウラン238に混ぜて作ります。さらにこの燃料の周りをブランケットと呼ばれるウラン238で取り囲みます。中心でプルトニウム239やウラン235が分裂したときに放出される高速中性子がこのウラン238に衝突してプルトニウム239に変化することにより、プルトニウム239が増殖するのです。高速増殖炉では、理論的には生成されるプルトニウム239の割合が投入された燃料にたいして一・二倍程度に増殖します。

高速増殖炉の研究は、かつては欧米各国もこぞっておこなっていました。しかし、技術的な問題や経済合理性から、諸外国は続々と高速増殖炉の開発から撤退し、核燃料サイクルの実現をめざす日本だけが残ったのです。

一九六七年の原子力長期計画では、「高速増殖炉は、昭和60年代の初期に実用化する」ことになっていました。しかし、一九七二（昭和四十七）年の長期計画では「高速増殖炉の実用化は昭和60年代」と後退し、次の一九七八（昭和五十三）年の長期計画では「昭和70年代に本格的実用化を図る」とさらに目標が十年ずれこみました。そして、一九八二（昭和五十七）年の長期計画では「二〇一〇年頃の実用化」へと後退しました。

さらに追い打ちをかけるように一九八七（昭和六十二）年の長期計画では「高速増殖炉の確立は、炉の建設期間を含めた間隔等を勘案し、二〇二〇年代から二〇二〇年頃を目指すこととする」となりました。

そしてとうとう一九九四（平成六）年の長期計画では『高速増殖炉』という独立した項目がなくなり、高速増殖炉については、「二〇三〇年頃までには実用化が可能となるよう」という一文が、『核燃料サイクル』の項目に書かれるだけになりました。

そしてこの後、一九九五（平成七）年十二月、高速増殖炉の原型炉である「もんじゅ」がナトリウム漏れの大事故を起こし、運転を停止すると、二〇〇〇（平成十二）年の長期計画では、「高速増殖炉サイクル技術の研究開発に当たっては、社会的な情勢や内外の研究開発動向等を見極めつつ、長期的展望を踏まえ進める必要がある」と、高速増殖炉の実用化の目標は示されなくなり、二〇〇五年原子力政策大綱では、「高速増殖炉については、二〇五〇年頃から商業ベースでの導入を目指す」と、あと半世紀は実用化できないということになりました。

一九九五年末にナトリウム漏洩の大事故を起こした「もんじゅ」は、その後十五年以上にわたり停止しているだけでなく、運転停止中の二〇一一年度ですら二一六億円の本体維持予算がかかっています。

高速増殖炉は、一九六〇年の実験炉の設計開始から五十年以上の歳月と二兆円近い費用を使って、政府のタテマエでも、あと五十年は実現しないのです。

再処理とプルトニウム

一九六七年に原子力委員会が核燃料サイクルを「国のプロジェクト」として進めることを決定して以来、使用済み核燃料を再処理してプルトニウムを取り出すことは既定路線でした。しかし、当初、日本は協定にもとづいてアメリカから核燃料の供給を受けており、アメリカから輸入した核燃料を再処理する場合は、アメリカ政府の合意が必要とされていました。一九五五（昭和三十）年の日米原子力協定では、使用済み核燃料はアメリカに返還されるものと明示され、日本での再処理は認められていませんでした。一九六八年の日米協定で初めて、日米両国が共同決定した場合に、日本で再処理ができるという条項が盛りこまれました。そして東海村の再処理施設

核燃料サイクル：バラ色の未来

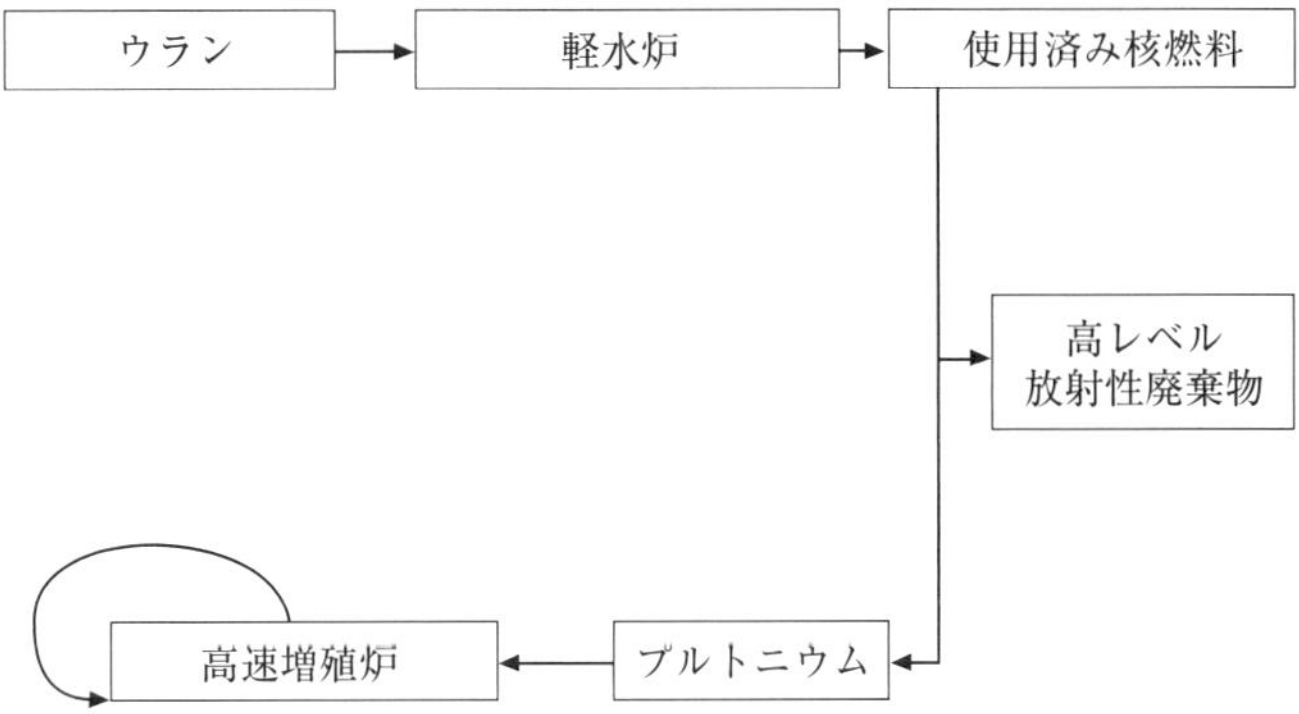

高速増殖炉実用化の見通しの変化

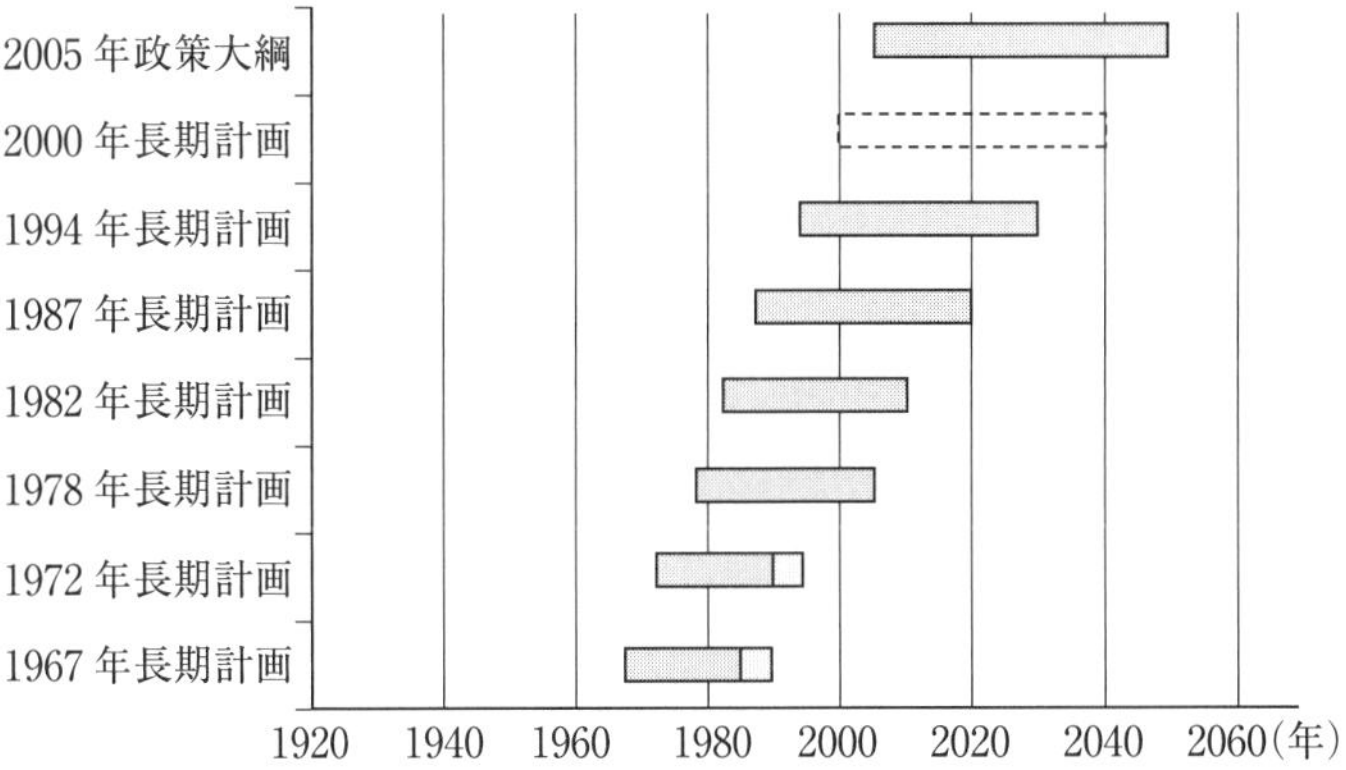

の運転に関して条約上の共同決定が必要となり、一九七六年から九ヵ月にわたる日米再処理交渉がおこなわれ、一九七七年九月十二日に日米合意が成立し、日本での再処理が始まることになりました。

そして、茨城県の東海村に日本で最初の再処理工場が建設され、プルトニウムの抽出が始まりました。

その後、本格的な再処理事業のために、東京電力を筆頭とした電力会社九社と日本原子力発電株式会社の出資による日本原燃という会社が運営する再処理工場が、青森県の六ヶ所村に建設されることになりました。この六ヶ所再処理工場は、当初の計画（一九七九年）では建設費用が六九〇〇億円の見こみでしたが、コストは増えつづけ、最終的にはなんと二兆二〇〇〇億円と、当初見こみの三倍の費用がかかったのです。

電力会社は、この再処理工場の建設前から、イギリス、フランス両国に原子力発電所の使用済み核燃料の再処理を委託し、プルトニウムの抽出を始めていました。

その結果、現在、わが国は、プルトニウムを国内に約一〇トン、英仏両国合計で三五トン、合計して四五トン保有しています。

これは、プリンストン大学のフォン・ヒッペル教授によれば、アメリカの核弾頭に搭載されているプルトニウムの総量三八トンを凌ぐ量です。また、近年、北朝鮮がプルトニウムを使って国際社会に揺さぶりをかけていますが、北朝鮮が入手したプルトニウムの量は最大でも約五〇キログラムと言われています。ＩＡＥＡ（国際原子力機関）は、毎年その査察予算のかなりの部分を北朝鮮ではなく日本が保有するプルトニウムを査察するために使っているのです。

「プルサーマル」計画

「もんじゅ」計画が頓挫して、高速増殖炉の実用化が大きく遅れたために、わが国は予定どおりにプルトニウムを燃やすことができなくなりました。そのため、経済産業省と電力会社は、プルトニウムをウランと混ぜたＭＯＸ燃料を軽水炉で燃やす「プルサーマル」という計画をあわてて推進しようとしています。

英仏両国で保管されているプルトニウムには保管料がかかります。日本の電力会社は、保管料の負担を減らすために、この両国で保管されているプルトニウムをＭＯＸ燃料に加工して日本にもってきています。各電力会社が実施しようとしているプルサーマル用のＭＯＸ燃料は、すべてこの両国にあるプルトニウムを利用して作られています。

プルサーマル用のＭＯＸ燃料は当面は海外で生産されるので、六ヶ所村の再処理工場で生成されるプルトニウムの用途は、当面、もんじゅ用に限られてしまいます。ですから、もし、もんじゅが稼働しなければ、六ヶ所再処理工場における再処理のニーズはありません。

福島第一原発の事故以前の計画では、二〇一五年に最大で年間約六・五トンのプルトニウムをプルサーマルで消費することになっていましたが、もはやそれは現実的ではなくなりました。

福島第一原発事故前には、国内で再処理したプルトニウムを原料としてMOX燃料を作る工場を、二〇一六年に竣工させる計画になっていました。この青森県の六ヶ所村に予定されているMOX燃料工場も、二〇〇五年に事業許可申請が出されたときには建設費が一二〇〇億円と見積もられていたにもかかわらず、二〇〇九年には一九〇〇億円と当初見積もりよりも五〇パーセント以上コストが高くなっています。このままいけばコスト的にも再処理工場の二の舞になってしまいます。

世界的に見ても、高速増殖炉に代わるプルサーマルも、経済性の観点から諸外国では撤退が相次いでいます。アメリカはカーター大統領時代に核不拡散に力を入れ、再処理をせず使用済み核燃料を最終処分することを決定しました。ドイツやスウェーデンは、軽水炉サイクルをあきらめ、直接処分に方針転換しました。再処理をしてきたイギリス、フランス両国も将来的な方針は未定です。

核燃料サイクルのなにもかもが予定どおりいかないのに、ハコモノだけがどんどんできるということは避けなければなりません。

六ヶ所再処理工場稼働問題

六ヶ所再処理工場は、二〇〇四年には、いよいよウランを使ったウラン試験、次いでプルトニウムを使ったアクティブ試験が実施されようというところにきていました。しかし、「もんじゅ」

の開発は頓挫しつつあり、高速増殖炉の実用化にはあと五十年はかかるという状況でした。その状況で、再処理工場を稼働させるかどうか、議論がわかれました。

再処理工場で放射性物質を使ったテストをおこなえば、工場の内部は被曝し、もし、そのあとで再処理はやらないということになっても、被曝した工場を解体するのに莫大なコストがかかります。放射性物質を使うテストを始めるかどうかが、日本の原子力政策の大きなわかれ道だったのです。

しかし、最終的にこの再処理工場を稼働するかどうか決めたのは、高速増殖炉の開発やプルトニウムの保有量などとはまったく別な理由でした。

日本の原子力発電所は、それぞれの発電所のなかにプールを作り、原子炉から出る使用済み核燃料を貯蔵しています。しかし、この当時、いくつかの原子力発電所では、使用済み核燃料貯蔵プールが容量一杯になりつつありました。貯蔵プールが一杯になれば、必然的に原子炉が止まります。

六ヶ所村の再処理工場では、使用済み核燃料を原材料として再処理をします。ですから、再処理工場には原材料プールとして巨大な使用済み核燃料の貯蔵プールが設けられています。電力会社は、使用済み核燃料を原子力発電所の使用済み核燃料プールから再処理工場の原材料プールに移動することで、発電所のプールがあふれることを防ごうとしたのです。

そこに待ったをかけたのが青森県です。再処理工場がきちんと稼働するならば、この原材料プールにもちこまれた使用済み核燃料はたしかに原材料ですが、もし、再処理工場が稼働しないなら、たんに使用済み核燃料という名目で、核のゴミが青森県にもちこまれたことになってしまいます。再処理工場の原材料プールへの使用済み核燃料の移送にあたっては、この再処理工場を稼働させるということが前提条件になったのです。そのため、プルトニウムが余っているなかで再処理工場が稼働するというおかしなことになってしまったのです。

それぞれのメンツと思惑

この当時、電力会社の経営陣のなかにも、監督官庁である経済産業省にも、再処理工場の稼働に反対した人がいました。再処理をしなければ使用済み核燃料プールが一杯になるので原子炉が止まるという主張にたいし、一定期間プールで冷やした使用済み核燃料をキャスクと呼ばれる容器に入れて陸上で貯蔵する乾式貯蔵という方法が代替案として提案されました。しかし、それでも一度動き出した流れを止めることはできなかったのです。

まず、経産省を中心に、いままでの政策が時代遅れになってしまったということを認められない行政の無謬性（誤りがないこと）へのこだわりがありました。

電力会社は、原発の地元にたいして使用済み核燃料をよそへ搬出すると約束していたため、いまさらドライキャスクで現地保管したいとは言い出したくない、また、すでに電力料金に再処理コストを上乗せしており、いまさら再処理をやめてそれを返金することなどできないという思いがありました。

原子力工学の専門家は、もし、ここで再処理をやめれば、「もんじゅ」や、次世代原子炉などのプロジェクトも止まり、自分たちの研究開発費も削減されるという恐怖におびえたのです。

そして、政治も例外ではありません。六ヶ所村におちる多額の交付金目当てに地方の政治は突っ走り、電力会社からの多額の政治献金を受け取っていた自民党も、電力会社の労働組合からの選挙の支援と資金提供を受けていた民主党も、電力会社の言うとおりになりました。

その六ヶ所村の再処理工場では、さまざまな問題が続き、いまだに工場は稼働していません。そして、三〇〇〇トンの使用済み核燃料が入る原材料プールは、すでに一杯になりつつあります。そして、この再処理工場の寿命を考えると、かりに工場を稼働することができたとしても、このプールに移されたすべての使用済み核燃料を再処理することができるかどうか疑問視されています。

再処理の拡散と使用済み核燃料

再処理をめぐる新たな問題として、再処理の拡散があります。現在、核兵器を保有していない国のなかで再処理を認められているのは、日米間で合意した日本だけです。しかし、韓国が、日本が再処理をするならば韓国も、と、「原子力主権」を訴え、二〇一四年の米韓原子力協定の改定にあわせて、再処理を始めたいとアメリカに申し入れをしています。もし、韓国が再処埋を始めれば、朝鮮半島での核レースが激化します。さらに、一度は核実験までおこなった南アフリカも再処理に手を挙げており、韓国が始めれば当然に南アフリカもということになります。そうなれば、プルトニウムの拡散は避けられず、核不拡散体制は一気に崩壊します。

日本が最初に、再処理には経済性も合理性もないという判断をして撤退することで、再処理が世界に広まることを防ぐことができます。日本の核政策の誤りを正すことは、世界的な問題を未然に防止することにもつながります。

日本の原発は十三ヵ月に一度定期点検に入り、三ヵ月点検が続きます。このときに燃料の取り替えもおこなわれます。日本の原発合計で、十六ヵ月ごとに一三四〇トン、十二ヵ月換算すると約一〇〇〇トンの燃料が取り替えられることになります。

取り出された使用済み核燃料は、そのまま原発の使用済み核燃料プールに貯蔵されますが、福島第一原発の事故直前は、全国の使用済み核燃料のプールの余裕は全部足しても七〇〇〇トン弱しかありませんでした。年間約一〇〇〇トンの使用済み核燃料が排出されると、残り容量は約七年分弱という状況だったのです。

原子力発電所の使用済み核燃料プールが一杯になるからということで利用を始めた六ヶ所村の再処理工場の原材料プールの容量は三〇〇〇トンですが、すでに二七〇〇トンは搬入済み。ここも残りは三〇〇トンしかありません。

国会での質疑のなかで、経産省は、もし再稼働すれば九州電力玄海原発はあと三年で使用済み核燃料プールが一杯になると答弁しています。

こうした事態を予測して、五〇〇〇トンの使用済み核燃料を貯蔵できる「中間貯蔵施設」が五～六施設必要だという議論がおこなわれてきましたが、けっきょく、実現したのは、青森県むつ市の五〇〇〇トンの中間貯蔵施設をつくる計画だけでした。

さらに、今回の福島第一原発の事故で、使用済み核燃料プールの脆弱性がはっきりと浮き彫りになりました。テロリストは、原発本体を攻撃する必要はなく、使用済み核燃料プールにダメージを与えるだけで取り返しのつかない影響を及ぼすことができるということを知ったのです。

最終処分の時間的コスト

原子力発電の最大の問題は、核燃料を燃やしたときに出てくる核のゴミをどう処分するかということです。

このゴミを処理する方法は二つあります。ひとつは、原発から出ている核のゴミ、つまり使用済み核燃料をそのまま処分する方法。もうひとつは、この使用済み核燃料を再処理してプルトニウムを取り出した後の高レベル放射性廃棄物を処分する方法です。

わが国では、「特定放射性廃棄物の最終処分に関する法律」という法律で、使用済み核燃料ではなく、再処理後の高レベル放射性廃棄物を地層処分という方法で最終処分すると定められています。しかし、果たしてそれでよいのかどうか、とくに必ず再処理をしたのちに最終処分することがよいのかどうかは、これからしっかりと議論されなければなりません。

再処理によって出てくる高レベル放射性廃棄物は、放射能の強い廃液です。それを高温で溶かしたガラスと混ぜ合わせ、キャニスターと呼ばれるステンレスの容器のなかでゆっくりと固めたものをガラス固化体と呼びます。ガラスは化学的に安定した物質で、水に溶けることもほとんどありません。そのため、ガラスの成分であるケイ素やホウ素の網目のなかに放射性物質が取りこまれ、長期的に安定した状態になるだろうと考えられています。キャニスターは外径が約四〇センチ、高さ約一三〇センチで、総重量が五〇〇キログラムになります。

このキャニスターを約一千年間は地下水から確実に隔離するために、オーバーパックという厚さ二〇センチの炭素鋼の容器に密封します。それをさらに水を通しにくい粘土で七〇センチの厚さで包みこみます。長期間のうちにオーバーパックが腐食し、ガラス固化体から放射性物質が漏れてきてもこの粘土が吸着し、その場所から放射性物質があまり移動しないような役割をします。そして、このすべてを地下三〇〇メートル以上の深さの岩盤のなかに埋めこみます。

この地層処分という結論（?）に落ち着くまでに、最終処分についてはロケットに乗せて宇宙に送り出してしまうとか、南極の氷床の底の岩盤に沈めるとか、海洋の底に沈めるとかさまざまな議論がありました。しかし、ロケットは打ち上げが必ず成功するとは限りませんし、南極の氷床や海洋の底は長期間にわたりほんとうに安定しているかどうかわかりません。しかも、海洋や南極の氷床への廃棄物の投棄は条約で禁止されています。議論の末に、地層処分がもっとも安全だろうということになりました。

地層処分するためには、地下深い岩盤にこれを埋め、百年から三百年のあいだ、地下のようすをモニタリングしなければなりません。三百年前といえば、たとえば赤穂浪士の討ち入りのころです。吉良邸が襲われた晩に地下深く埋めたガラス固化体のモニタリングがちょうど今ごろ終了するわけです。

そしてその後、こうした核のゴミの放射能が安全になるまでに十万年かかるといわれています。原子力利用のための時間的なコストになるわけですが、割に合わないコストではないでしょうか。

できそうもないことを……

一九七八年の原子力長期計画のなかで、「高レベル放射性廃棄物の処理処分の当面の目標としては、当面地層処分に重点を置き、昭和60年代から実証試験を行うこととする」と、初めて具体的な地層処分の時期が言及されました。しかし、一九八二年の長期計画では、「処分技術について、二〇〇〇年以降できる限り早い時期に確立することを目標に地層処分及びこれに関連した研究開発を進める」と、目標が早くもずれこみ、一九八七年の長期計画では、地層処分を基本方針とすること、そしてその手順などがくわしく書きこまれましたが、目標時期は明確にされませんでした。

一九九四年の長期計画で、ようやく「処分場の建設・操業の計画は、二〇三〇年代から遅くとも二〇四〇年代半ばまでの操業開始を目途とします」と、処分場の操業開始の目標が設定され、最終処分に関する法律が制定された後の二〇〇〇年の長期計画の記載は、「平成四〇年代後半（二〇二八年）を目途に最終処分を開始する」、二〇〇五年の原子力政策大綱では、「二〇三〇年代頃の処分場操業開始を目標」と目標は維持されています。

しかし、二〇〇二年十二月から開始された概要調査地区選定のための市町村からの公募資料によれば、二〇〇八年までに応募された地域の文献調査をおこなったうえで概要調査地区の選定をおこなうとされていました。そして、その地域でボーリング調査などをおこなって、二〇一三年ごろまでに精密調査地域を選定し、測定施設などを地下に設けて調査を実施し、二〇二八年ごろまでに最終処分地を確定して最終処分場の建設を始め、二〇三八年から最終処分を開始することになっていました。

いまだに公募に応じる自治体がないことを考えると、この最終処分のスケジュールも大幅に遅れることになりそうです。日本の原子力政策の問題のひとつは、「できそうもないことをあたかも実現可能であるかのようにぎりぎりまで装う」ことにあります。そのために、きちんと世のなかに説明もできず、合理的な政策を打ち出すこともできません。

使用済み核燃料プールの容量の問題も顕在化しつつあるなかで、最終処分地を選定できる可能性も当面きわめて低いわけですから、現実的な選択肢として、使用済み核燃料をドライキャスクに入れて、かなり長期間、責任をもって保管しつづけるしかないのではないでしょうか。

2 東京電力をどうすべきか

資本主義ならば

福島第一原発で事故を起こした東京電力という会社をどう扱っていくのか、しっかりと考えていかなければなりません。

まず、経営陣、株主、貸し手の金融機関がそれぞれの責任を果たすのは当然です。経営陣は総退陣すべきだし、株主価値を残したまま国民が負担を求められることがあってはなりません。金融機関も自分たちがリスクをとって貸したお金を、国民に負担をさせて回収してもよいとは思わないでしょう。いえ、そう思うかもしれませんが、それは許されることではありません。

本来は、東電が、逆立ちしても鼻血も出ないようになって、それから初めて税の投入の議論を始めるべきではなかったのでしょうか。賠償のためには東電の資産売却は避けられません。事故の被害規模を考えれば当然です。スッカラカンになった東電を国有化し、原発部門を切り離し、送電と発電に分割して売却すべきなのです。さらに、再処理のための二兆四〇〇〇億円の電力会社の積立金の東京電力分は取り崩し、賠償金に充てるべきです。資本主義ならば、当然そうなります。

今のままでは、東電の株主は保護されてしまいます。他方、破綻処理をすれば株主資本は百パーセント減資され、再生した東京電力が売却されれば、その分は国民負担から差し引かれることになります。事故前日の東電の時価総額は三兆四五九九億円なので、ここで政府案と比べて、三兆円以上の国民負担減になります。

さらに、金融機関も責任は免れません。きちんと破綻処理をさせれば、金融機関からの融資分が国民負担の軽減になります。電力会社は、原子力環境整備促進・資金管理センターというところに、使用済燃料再処理等積立金を約二兆四四一六億円積み立てています。もはや再処理からの撤退は必然になっているのですから、このうちの東京電力分を取り崩して、賠償金に充てるべきです。

処理十項目

民主党政権のプランでは、株主と金融機関という最初に責任を負うべき者の責任を追及しない上、積立金に手をつけないため、その分が国民負担になります。

このままでは、東京電力や金融機関など、特定の利益を守るために税や電力料金という形態で、国民に負担を強いることになってしまいます。

ではどうすべきだった、いや、これからでもすべき、なのでしょうか。

(1)国が東電に代わって賠償金を仮払いする法案を成立させる。
(2)東京電力の破綻処理にともない被害者の賠償債権がカットされた場合には国がその分を補塡する旨を立法する。
(3)政策投資銀行がＤＩＰファイナンスを実施し国がそれを保証する。
(4)東京電力の事業再生はプレパッケージ型とすると決め、調整に入る。準備が整ったところで、会社更生法手続の申し立てをする。
(5)法改正して使用済燃料再処理等積立金を取り崩し賠償にあてる。
(6)福島第一、福島第二、柏崎刈羽の廃炉を決め、原子力部門を分離し、国営とする。
(7)送電網と発電所を分離し、別会社にして、発送電が分離されても問題がないことを確認する。
(8)発電所と送電網を順次売却する。
(9)金融システム安定化のための公的資金の注入の用意をする。
(10)東京電力だけでなく、すべての電力会社および電力労組、役員・従業員個人などによる政治家への献金など便宜供与と電力会社による広告宣伝を禁止する。

事業再生をすれば経営陣は引責しますが、新企業として再スタートを切ることができるし、電力体制も改革することができます。

東京電力の処理は、国民に本来不必要な負担を押しつけるのではなく、法的破綻処理による事業再生をすべきなのです。

スポット取引拒否事件

自分で発電所をもったり、自家発電をしている企業の余剰電力を購入したりして調達した電力を小売りする特定規模電気事業者（ＰＰＳ）と呼ばれる企業が、自家発電をもっている企業などから余剰電力を調達するために設立された日本卸電力取引所という組織があります。

この取引所のスポット市場では、二〇一一年三月十一日まで、ほぼ毎日、一五〇〇万キロワット時から二〇〇〇万キロワット時の電力がスポットで取引きされていました。

福島第一原発の事故が起きた翌週の三月十四日に、この取引所の東京電力管内のスポット取引が突然中止になりました。取引きされた電力の託送を、送電網をもっている東京電力が拒否したのです。

東京電力は、計画停電の作業をする際に、スポット取引された電力が混じっていると作業が困難になるからだと理由を述べていますが、それはおかしな話です。おそらく電力が不足するなかでスポット取引を続ければ、電力の取引価格は高騰したことでしょう。東京電力はそれをいやがったのです。事実、東京電力は、スポット取引を中止に追いこんでおきながら、取引に参加していた事業者にたいして東京電力の決めた価格で電力の販売をもちかけています。
しかも、経産省には、スポット取引が止まったという認識がしばらくありませんでした。経産省は、何が起きているのか把握していなかったか、意図的にスポット取引を東電が止めたことを隠そうとしていたかどちらかでしょう。

この事件で、東京電力の送電網を使った電力の取引の基盤がきわめて脆弱だということが露呈しました。東京電力が恣意的にスポット取引された電力の託送を止め、監督官庁がその事実すら把握していない（あるいは隠蔽していた）というのはきわめて大きな問題です。この一件を見ただけでも、やはり、発電と送電を分離して、きちんと公明正大に送電網が提供されるということがいかに大事かよくわかります。現在のように電力会社が、発電と送電を一体的に運用するやりかたは大きな問題をはらんでいます。

ちなみに五月十三日の、この夏は計画停電をおこなわないという東京電力の発表を受けて、六月一日から卸電力取引所のスポット取引が再開され、それまでの七〇〇〇万キロワット時の取引量が一気に以前のように一四〇〇万キロワット時に跳ね上がりました。

三・一一の教訓は、市場における自由な電力取引が電力の安定供給には欠かせないということでした。それを実現するための規制改革をおこなうことによって、分散型の再生可能エネルギーも発展させることができます。

電力の自由化を進めることで、再生可能エネルギーやガス・コンバインド発電などの分散型電源が普及し、価格メカニズムが機能することによって需給の調整がスムーズにいくようになります。そして、不透明で高コストだった電力料金は透明で、競争力のあるものになっていきます。そして、原子力ムラのような腐敗は、自由化のなかで一掃されていくことになります。

電力自由化は不可避！

東京電力が、二〇一二年四月一日から電力料金を上げたいという手紙を、契約者に送りつけました。具体的には、ビル・工場などの特別高圧（標準電圧二万ボルト以上）および高圧（標準電圧六〇〇〇ボルト以上）で電気を契約している事業所が対象です。

東京電力の支社が出した一通の「電力料金値上げのお願いにつきまして」という表題の手紙が私の目の前にあります。

「昨年の当社原子力発電所の事故および放射性物質の放出により、お客さま、広く社会の皆さまには、大変なご迷惑とご心配を長期間に亘りおかけしておりますことを改めて深くお詫び申し上げます」という出だしで始まり、

「……このため現在の状態が継続すれば遠からず燃料調達に支障をきたし、当社の使命である電気の安定供給に重大な影響を及ぼしかねず、誠に申し訳ございませんが、平成24年4月1日より自由化部門のお客さまの電気料金の値上げをお願いさせていただく次第です」とあります。

そして二枚目の「電気需給契約の一部変更についてのお願い」にはこうありました。

「現在のご契約期間にかかわらず、4月1日以降は新しい電気料金により電気をお送りさせていただきたくお願い申し上げます。

なお、お客様が新しい電気料金にご了承いただけない場合には、誠に恐れ入りますが、本書をご確認後、3月30日までに当社までご連絡いただきますようお願い申し上げます」

さっそく、東京電力に電話して、確認すると、「これはあくまでお願いです。ご契約終了までは、現在の電力料金で電気を送るのが基本です」と言いました。

つまり、この手紙を見て文句を言ってきた企業には値上げを契約期間終了まで待つが、文句を言ってこない企業には四月一日から値上げするということです。お互いが合意した契約を、一方的に送りつけた手紙一本で勝手に変更するなどというのはまともな企業がやることではありません。ひょっとすると相手がこの手紙を開封していない可能性だってあるのです。

このことをブログで指摘するとマスコミが取材に来て、世のなかにこの事実が知れ渡りました。その後、枝野経産大臣が記者会見で取りあげるにいたって、東京電力もこのムチャな値上げを諦めました。

しかもこの東京電力の手紙の最後には「秘密情報　目的外使用・他の方への開示はご遠慮ください。　東京電力株式会社」などと書いてあります。これはどういう意味かと尋ねると、「それぞれの契約内容が書いてあるから」、との答えがありましたが、自分の契約内容を他人に開示するかどうかは、本人の自由ではないかとたずねると、「そうですね」。東京電力は、電力料金の割引を個別に変えて、他社に開示しないことなどと契約書に謳っていますが、そもそも自由化された電力料金の価格を第三者に見せるなどということはよけいなお世話です。

東京電力には値上げをする自由があるというならば、顧客にはどんな自由があるのでしょうか。料金を比較して、いちばん安い料金まで下げろという交渉をできるのが自由化された市場なのではないでしょうか。

発送電分離、地域独占の廃止、そして総括原価方式の廃止はもはや避けて通れません。

3　再生可能エネルギーへの大転換

廃炉のあとは

二〇一一年三月十一日の東京電力福島第一原発の事故は、とてつもなく大きな被害をもたらしました。事故の収束、廃炉などを考えると数十年の単位で考えなければならない事態です。これまで原子力ムラは、原子力発電所は安全だと繰りかえし強弁してきましたが、その嘘が赤裸々になりました。

これから日本では、新たな原子炉の設置はすべきではないというのが私の考えです。もちろん原子炉を設置しようとすると、地元からも大きな反対の声があがるでしょうが、地元が反対するから、地域が受け入れてくれないからという責任転嫁ではなく、国家の方針として、原発の新規立地を今後はしないということをまず、明確にすべきだと思います。

そして、設置から四十年経った原子炉は確実に廃炉にするということをあわせて決定すべきです。国内には設置後、すでに四十年経っている原子炉がいくつかあります。こうした原子炉は、延命をやめ、確実に廃炉処理をするという方針を明確にすべきです。

二〇一一年三月十一日以降、原子炉の新規立地をしない、そして設置後四十年を経過した原子炉は廃炉にするという二つの方針を明確にすれば、自動的に二〇五〇年までにはわが国の原子炉はすべて運転を停止することになります。じつは、一九九七年の京都会議の前に、私と『太郎塾』と名づけた私の政策支援グループが出した結論が、まさにこのとおりだったのです。もちろんそのときは、一九九七年以降の原子炉の新規設置はしないということでしたが。

原子炉が廃炉になるたびに、一〇〇万キロワットの発電設備容量が減少していきます。さらに、石油や石炭を燃料とする火力発電も、二酸化炭素の排出や燃料価格の高騰ということを考えると、中長期的には減らさざるをえないでしょう。問題は、その減少する発電設備容量を何で埋めるかということです。

その部分は天然ガスで一時的に補われるべきでしょう。石油や石炭と比べて、天然ガスはクリーンです。天然ガスは、酸性雨の原因となる硫黄酸化物を排出せず、窒素酸化物の排出量は石油のほぼ半分、二酸化炭素の排出量は石油よりも三割近く少なくなります。また、天然ガスは石

化石燃料輸入額と貿易収支

年	化石燃料輸入額（兆円）	対名目 GDP（％）	貿易収支（兆円）
1998	5.1	1.0	14.0
1999	6.5	1.3	12.3
2000	8.6	1.7	10.7
2001	8.0	1.6	6.6
2002	8.3	1.7	9.9
2003	8.4	1.7	10.2
2004	10.3	2.1	12.0
2005	15.1	3.0	8.7
2006	17.0	3.3	7.9
2007	20.6	4.0	10.8
2008	23.1	4.6	2.1

（出典 ISEP）

油よりも埋蔵量が各地に豊富にあり、石油よりも中東への集中の割合が低いというのも利点です。

天然ガスを燃料にし、都市の近くに建設できるコンバインドサイクルと呼ばれる発電方法やマイクロガスタービンや燃料電池を組み合わせて、電力と熱を有効活用するシステムを利用することもできます。

まず省エネ

日本の原子力発電は、その最盛期でも電力供給の三割までしか賄えておらず、わが国が化石燃料の輸入のために支払う代金総額は、近年、急速に増えていました。十年少し前には名目GDPの一パーセントにすぎなかった化石燃料の輸入コストは、いまやその何倍にもふくらんでいます。年々小さくなる日本の貿易収支の黒字額と比べてみてください。

今後、中国やインド、ロシア、ブラジルなどを筆頭に新興国が急速に経済発展を遂げるでしょう。当然、これらの国々のエネルギー需要も大きくなっていきます。石油を筆頭に、エネルギー資源の奪いあいになることも予想されますし、そこまで激しくなくとも脱原発が進むとともに、化石燃料の価格は中長期的には高騰していくことが予測されます。それを考えても、自前のエネルギーである再生可能エネルギーの導入をスピードアップして、国民生活や企業活動に影響を及ぼさずに電力需要を減らしていかなければなりません。

電力会社は、いまだにこれからも日本国内の消費電力量は右肩あがりで増えていくというビジネスプランを立てています。しかし、人口そのものが減少しはじめた日本で、しかも技術の進歩で個別の機器の消費電力量がどんどん少なくなっていくなかで、電力消費が増えていくという将来予測は、現実的ではありません。

地熱発電の開発可能量が約一五〇〇万キロワット、風力発電が陸上と洋上とをあわせて一億五〇〇〇万キロワットから四億キロワット、太陽光が二億キロワットといわれています。現在の日本の最大電力需要量が二億キロワット程度ですから、そこから四〇パーセントの省エネを達成することができれば、残りの需要量を再生可能エネルギーですべて賄うことは十分可能でしょう。ゆるやかに電力消費量が減っていくという基調に、さらに合理的な省エネを組みあわせていきます。

暑さや寒さを我慢したり、暗いなかで生活をしたりするのではなく、生活に影響が出ないように電力消費を減らしていくことが、技術の進歩で可能になってきました。

電球をLEDに取り替える、あるいは最新の冷蔵庫やエアコンに買い換えることによって電力消費量は劇的に減っていきます。住環境計画研究所によれば、十年前のテレビ、エアコン、冷蔵庫を最新基準のものに買い換えると、その機種の省エネ性能の差だけで家庭の消費電力が二割減少します。

省エネのために、建築基準法などの大幅な見なおしをして、断熱をはじめとする省エネ基準を厳格化しなければなりません。家を新築するならば、壁をしっかり断熱して、窓は多重ガラス、暖冷房がいらないぐらいの家をまず建てるというところから省エネが始まります。住環境計画研究所の試算では、一九八〇年の建築基準で建てられた戸建て住宅を一九九九年の建築基準に建て替えると、暖房効率が二倍になります。

電気を使ってお湯を沸かしたり暖房をしたりする代わりに、太陽熱や発電のときに生まれる熱を使って暖房や給湯をするようにすれば、エネルギーをムダに捨てることもなくなります。

消費地から遠く離れた原子力発電所では、生み出された熱の約三割しか発電に利用していません。じつに七割近いエネルギーは海に捨てられているのです。先述のコンバインドサイクル発電やマイクロガスタービンや燃料電池などは、発電すると同時に熱も利用することができるので、ムダに捨てられるエネルギーを少なくすることができます。いかに、熱をうまく利用するかが省エネを推進するなかで非常に大事になっていきます。

また、日本の温泉の多くでは、摂氏五〇度近いお湯がそのまま捨てられています。温度差エネルギーの観点からはこれはたいへんもったいないことで、この捨てられてしまうお湯を使ってバイナリーサイクル発電して、さらにアンモニアを冷やす時に得られる熱エネルギーで給湯や暖房をすることができます。

有望な地熱発電

ふつう地熱発電という場合は、摂氏一五〇度以上の高温の蒸気が噴出し、それを使ってタービンを回して発電をすることを指します。

地熱発電は、純国産のエネルギー資源であり、輸入に頼る化石燃料やウラン資源と比べて、エネルギーの安全保障という観点から見れば非常に優れたエネルギー資源です。

日本は世界のなかでも地熱資源量の多い国です。全体で原発二十基分、二〇五四万キロワットに相当するポテンシャルがあります。地熱資源量は、ほぼ活火山の数に比例し、インドネシア、アメリカそして日本の三ヵ国が世界中で群を抜いています。

また一キロワット時当たりの二酸化炭素排出量は、他のエネルギー源と比較してもきわめて少なく、処理できない廃棄物を出したりしないクリーンなエネルギーでもあり、さらに、地熱発電は昼夜、季節の変動がほとんどなく、原子力発電以上に高い年間設備利用率を実績として出しているベースロード電源に最適な安定電源です。

じつは日本の地熱発電の歴史は古く、一九二五（大正十四）年に別府で試験的な発電がおこなわれています。商業的には一九六六（昭和四十一）年に岩手県の松川発電所が開設され、その後、オイルショックで原油が高騰し、地熱発電の競争力が出てきたころに全国各地で調査が始まりました。

しかし、わが国の地熱発電は開発のリードタイムが通常でも十年以上と長いのです。葛根田発電所では調査開始から運転開始まで三十一年、澄川発電所は三十年かかっています。調査が実を結んで現在の地熱発電所のうち九基の運転が開始されたのは一九九〇年代に入ってからのことでした。結果として、残念ながら日本の地熱資源の開発は進まず、過去十年以上も新規立地がなく、設備容量では世界第八位にとどまっています。

地熱発電に力を入れているニュージーランドでは、リードタイムがわずかに五年といわれています。日本もこれからは、少なくとも五万キロワット以下の地熱発電所ならば五年未満、それ以上の大きさでも七、八年のリードタイムで建設できるようにすることが求められると思います。

その一方で、国内では地熱発電の開発が進んでいないにもかかわらず、二〇〇〇年からの十年間をみると、地熱発電用タービンの世界シェアで、日本の富士電機と三菱重工がそれぞれ三割を超えて第三位のGE／NPを大きく引き離し、東芝を加えると地熱発電用蒸気タービンのシェアの六六パーセントを占めています。近年、各国が競って地熱発電の開発を進めていることを考えると、この分野は日本企業が優位に立つ成長産業と言えるでしょう。

ただし、日本の地熱資源は、その大半が自然公園（国立公園、国定公園および都道府県立自然公園）内にあるため、開発をどのようなルールでおこなっていくかが大きな課題となります。

それには規制緩和を

まず、温泉との調整が必要になります。温泉法によれば、地熱発電の調査や開発のための掘削をするためには知事の許可が必要とされます。

本来、地熱発電に利用する地熱貯留層と温泉のもとになる温泉帯水層の関係をきちんと調べて、科学的に両者の関係を議論し、互いに影響を及ぼさない場合には地熱発電の調査、開発を許可すべきです。しかし、現実は、なかなかそこまでいっていません。この分野での早急なルール整備と科学的手法の浸透が望まれます。

地熱発電が温泉に影響を与えたという指摘をされることがありますが、それを検証してみると、データが実在しなかったり、因果関係があやふやだったりして、事実を確認することができないケースがほとんどです。温泉法では、温泉保護が必要な時には採取制限を命じることができますが、これまでそうした事例は起きていません。地熱資源は、地球上の水の循環の一部で、雨水の浸透による地下水がマグマで熱せられたものなので、その生成速度に合わせて採取し、また蒸気を分離した熱水を地下にきちんと戻してやれば自然のバランスは保たれます。

許可に当たって知事は、温泉審議会の意見を聞かなければなりません。ところが都道府県によってはこの審議会が年に一回しか開催されなかったり、あるいは東北などでは審議会が開催されて許可を得てもその時期によっては積雪が始まって掘削ができなかったりということがあります。また、環境アセスメントの方法書と準備書に関する経産大臣の勧告・通知に最大十五ヵ月かかる可能性があります。これらはみんなコスト増の要因となります。

地熱発電の開発を抑えてきた旧通産省と旧環境庁の覚書の撤廃に始まり、系統連携に関する優先接続などを政府を挙げてやらねばなりません。

発電した電力を送電網に接続するに当たっては、五〇キロボルト以上の発電設備容量のものは高圧設備での連系が義務づけられ、連系のための初期投資が数千万円となります。また、高圧線が近くになかったり、近くの高圧線への接続が認められなかったりすると、配電線の敷設が必要になり、さらに高額なコスト負担が求められることになります。

わが国では、発電機やインバーターの冷却装置やフィルターのような汎用品までが電気事業法で規制され、海外の安価な汎用部品が使えずコスト高になったり、国際規格とは違った国内規格に合わせなくてはならなかったり、温泉の湯を使うような小型バイナリーサイクル発電では主任技術者の常駐が免除されるのは代替フロンを使用した場合のみで、アンモニアなどを使用した場合は、技術者を常駐させなければならないなど、じつに細かい規制が存在します。こうした規制を一気に撤廃すれば、日本の再生可能エネルギー産業は、日本の新たな産業として大きく発展するはずです。

一キロワット時当たり石油火力一〇・二円、石炭火力六・五円といわれるなかで、地熱発電のコストは一三円から一六円と想定されます。しかし、これまで述べてきたような規制が撤廃され、再生可能エネルギーの固定価格全量買取制度がうまく機能すれば、コストの問題は解決されることでしょう。

要努力の風力発電

風力発電は、文字どおり風の力でタービンを回して発電し、風力エネルギーの四割近くを電気エネルギーに変換できる効率のよさを誇ります。風力エネルギーは風車の大きさと空気の密度が一定ならば、風速の三乗に比例し、風速が二倍になると風力エネルギーは八倍になります。

発電用の風車は、風の吹いてくる方向に向きを変えたり、風が強すぎるときは風を受けても風車が回らないようにしたりするしくみを備えています。

風力発電の可能性はきわめて大きく、ハーバード大学とフィンランドのVTT研究所は、風車が二〇パーセントの稼働率で発電したとしても現在の世界全体の電力需要の四十倍の電力を発電することが可能だとする研究結果を発表し、ドイツの研究所は、陸上、洋上の風車を使って、世界中の電力需要の優に二倍以上の発電が可能だとしています。

現実には、中国の風力発電設備への投資の伸びはすさまじく、二〇一〇年に新規設置された風力発電設備の四六パーセントが中国国内に設置され、累計設置容量でもとうとうアメリカを抜いて世界一位になりました。

中国とアメリカ両国が累積設置設備容量で世界シェアの二〇パーセントをそれぞれ超えて、この分野をリードし、両国にドイツ、スペインを加えた四ヵ国で世界の累積設置設備容量の三分の二を超えています。

つねに経産省寄りの日本エネルギー経済研究所は、「日本は風況が悪く、陸上の導入ポテンシャルは約六四〇万キロワット」と悲観的ですが、環境省によれば、陸上風力発電の導入ポテンシャルは、二億八〇〇〇万キロワットと推計され、事業性を考慮した導入可能量も、二四〇〇万キロワットから二億七〇〇〇万キロワットと推計されています。

一方、洋上風力発電の導入ポテンシャルは、一六億キロワット、事業性を考慮した導入可能量については、最大で一億四〇〇〇万キロワットと推計されます。風力発電の可能性は北海道、東北、九州に集中しているため、地域性を考えながらの導入計画が必要です。

現在、日本風力発電協会は、二〇五〇年までに五〇〇〇万キロワットの風力発電の設備容量を導入するという目標を掲げていますが、その半分は陸上で、残り半分は洋上風力ということになります。これは、もし風力発電の設備利用率を二〇パーセントとするならば、二〇一〇年の国内電力需要の約一〇パーセントにあたり、二〇五〇年には省エネがすすみ、電力需要が減少するので、需要の一五パーセント以上に相当することになるはずです。

風力発電設備は部品点数が二万点もあり、部品、組み立て、建設、保守などをあわせると非常に大きな雇用を生み出す産業になります。世界全体で、二〇〇九年末に風力発電関連で六〇万人が雇用されているとみられています。アメリカ政府は、もし二〇三〇年までに電力の二〇パーセントを風力で賄うという目標が達成されれば、風力発電の製造・設置・運用で一五万人、部品とメンテナンスで三〇万人の雇用が生み出されるとしています。

他方、日本国内では、現在、風力発電関連で直接雇用されているのは約一〇〇〇人、間接的に一万人にすぎません。しかし、年間の新規導入設備容量が一〇〇万キロワットに達すれば、五万人の雇用を生み出すと予測されています。

風力発電用タービンの世界シェアでは、残念ながら日本メーカーは上位に入っていませんが、大型軸受やカーボン繊維など素材、部品では日本企業も活躍しています。

もっとも雇用を創出する太陽光発電

太陽光発電は、太陽から降り注ぐ光を電力に変換します。

太陽から地球が受けるエネルギーは、人類の消費量の約一千倍といわれ、そのうち人類が利用することができるエネルギーだけでも消費量の百倍あるといわれています。この太陽光エネルギーは、太陽が赤色巨星となり膨張して地球を飲みこむ五十億年後まで利用可能な上、太陽電池の材料になるシリコン（ケイ素）は、地球上にもっとも多い元素のひとつです。

太陽光のエネルギーを純粋に電力に変換すると、地表では、一平方メートル当たり一キロワットの電力を起こすことができるはずで、これが地球上で太陽光発電によって得られる電力の最大値ですが、現実にはコストを度外視しても百パーセントの変換効率を実現することはできません。なぜならば、太陽光パネルの表面で反射してしまう光は変換できないし、どの物質を使ってもすべての波長の光を変換することはできないからです。ちなみに宇宙空間では大気の影響を受けないため、理論的には一平方メートル当たり最大で一・三七キロワットを発電することが可能になります。

太陽光発電は二〇一〇年に史上最高の市場拡大を達成しました。二〇〇八年に全世界の太陽光発電設備の容量は一六〇〇万キロワット（一六ギガワット）でしたが、二〇一〇年には、一年間だけで一六〇〇万キロワットの太陽光発電の設備容量が導入され、累積の太陽光発電の設備容量は四〇〇〇万キロワット（四〇ギガワット）に達し、五〇〇億キロワット時（五〇テラワット時）の電力が一年間に太陽光で発電されるようになりました。

ヨーロッパのいくつかの国々では、太陽光発電のコストは近い将来、一般家庭向け電力料金と同じになるグリッドパリティを達成すると予測され、ヨーロッパでは今後、二年間ごと一パーセントずつ電力供給量に占める太陽光発電の割合が増えていくと予測されています。

日本は、太陽光発電の分野では当初、世界をリードしてきました。二〇〇五年までは太陽光パネルの国別生産能力で世界のトップの座にあり、企業ではシャープが二〇〇六年まで生産能力世界一位を維持していました。しかし、ドイツのQセルズに二〇〇七年に抜かれ、二〇〇八年には中国のサンテック、アメリカのファーストソーラー両社にも抜かれてしまいました。これはヨーロッパで再生可能エネルギーの固定価格買取制度が始まり、海外メーカーを巻きこんだ国際競争が激しくなったこと、その反面、日本では住宅用太陽光発電の補助金が二〇〇五年で打ち切られたり、日本メーカーの海外展開が遅れたりしたことが原因です。

技術的な面でも、二〇〇七年に三洋電機が結晶シリコンでは世界最高レベルの変換効率二二パーセントを達成し、二〇一〇年に京セラが太陽光発電モジュールで変換効率一四・五パーセントを実現しました。日本の各社は、本格的な固定価格買取制度の導入を捉えて、二〇一〇年代前半にも一キロワット時当たりの発電コストを二三円まで低下させ、グリッドパリティの実現をめざして競っています。固定価格買取制度で太陽光パネルの導入が飛躍的に増えれば、二〇二〇年までには一キロワット時当たり業務用電力料金と同じ一四円、二〇三〇年までには一キロワット時当たり七円の野心的な目標を実現することが視野に入ってくることでしょう。

おおざっぱに言うと、太陽光発電設備の製造、販売、設置、保守といった総費用の五〇パーセントは、設置場所近くで発生します。国連環境計画（UNEP）や国際労働機関（ILO）などによる「Green Jobs」によると、ギガワット時当たりの年間雇用人数をエネルギー別で計算すると太陽光発電がもっとも雇用創出が多く、〇・九一となり、太陽熱の〇・二七や地熱の〇・二五、風力の〇・一七をはるかに凌いでいます。これは太陽光発電が、機器の製造、設置、保守管理など非常に裾野が広いことをあらわしています。ちなみにこの数字を既存のエネルギーで見てみると、原子力〇・一五、石炭や天然ガスが〇・一一となります。

ドイツは、二〇〇〇年の再生可能エネルギー比率六パーセントを二〇一〇年には一七パーセントに引き上げ、その結果雇用を三七万人生み出しました。さらにドイツは二〇二〇年には再生可能エネルギーの比率を四〇パーセントまで引き上げるとともに、累積で六五万人の雇用を生み出すという目標を掲げています。日本では二〇〇九年に太陽光発電の関係で一・二万人が雇用されていますが、経産省は、二〇二〇年までに太陽光発電関連の雇用を一〇万人以上に増やすことを狙っているにすぎません。

地域に密着したエネルギーも考えられる

住環境計画研究所によると、家庭で使われるエネルギーの内訳は、給湯が三四パーセント、暖房二四パーセント、あわせて五八パーセントが熱です。この熱エネルギーを電気で賄うのは非常に効率がよくありません。

熱を熱のままで供給する、熱を熱のままで使うというのは省エネにとても意味があります。

日本では太陽熱の利用がかなり早くから進んでいました。しかし、年ごとの導入量ではピークの一九八〇年に太陽熱温水器が八十万台、一六八万キロワットサーマル（kWth）だったのが、二〇〇九年には年間導入が約四万台にまで落ちこんでいます。累積導入量も、耐用年数を考えると一九九四年から減少の一途をたどっています。

新しい太陽熱利用の製品開発が進み、家庭用を中心にもう一度、太陽熱利用を進めていくことが電力需要量の削減にもつながっていきます。

さらに、熱利用としては、太陽熱の他に、温泉熱と地中熱そして木質ペレットを利用したバイオマス熱も有望です。

電力では、小水力発電、バイオマス発電、海洋エネルギー発電などがあります。

小水力発電とは、世界的に、あるいは日本国内の業界の慣習では、一万キロワット以下の発電容量のものを対象としています。小水力発電は、河川や農業用水、上下水道などの現在は利用されていない流れを利用して発電し、これまでの水力発電とは違って大きなダムを造りません。水の流れなので、発電も比較的安定していて、設備稼働率は八〇パーセントから九五パーセントにも達します。そのため、小水力発電は、地域密着型のプロジェクトでおこなわれることも多く、市民ファンドが建設費用を集め、売電していく例もみられます。

歴史をさかのぼれば、山村が電化をはじめるときに、小規模な水力発電所を集落で建設したことがありましたが、一九五〇年代から三〇〇キロワット以下のものは順次廃止されてしまいました。しかし、昔、発電所があったその場所に、小水力発電所が建てられることもけっして少なくはありません。日本で最初の水力発電所は、一八九二（明治二十五）年に事業が認可され、京都の琵琶湖疎水に建設された蹴上発電所だといわれていますが、現在、同じ場所で関西電力蹴上発電所が四五〇〇キロワットの発電をしています。

小水力発電の資源量は、日本全体で一四〇〇万キロワットといわれています。たとえば山梨県の調査では、山梨県内に七百四十五ヵ所の小水力発電設備を設置すると、山梨県の県内電力消費量の一五パーセントを賄えるという結果が出ています。冬の積雪の多い、北海道、東北や北陸でも相当な資源量が見こまれ、これまで原子力発電所や大規模な火力発電所をもっていた東北電力や北海道電力から電力を買っていた地域が、「地域の」信用金庫などから融資を受けて、「地域に」小水力発電を設置し、これまでは札幌や仙台の電力会社に支払っていた電力料金をこんどは「地域の」発電会社に支払うことができるようになり、それがまた「地域での」再投資に回るといった分散型の再生可能エネルギーらしい循環を作り出すことが可能になることでしょう。

第五章 国際政治のプレイヤーとして何が必要か

私の約束

河野太郎政権ができたら

①アメリカの「フォロワー」から脱皮し、新しいアジア太平洋地域でのリーダーとなる日本外交を展開します

②政府と民間、営利と非営利という、セクターの枠を超えた災害対応プラットフォームをつくりだします

③JICAを改革し、ODAを今より少ない予算でより戦略的に活用します

1　米中のはざまで

中国の台頭とアメリカの新戦略

日本を取り巻くアジア太平洋地域の国々のパワーバランスが、この数年で急速に変わりつつあります。中国や東南アジア諸国が高い経済成長率を維持し、韓国も自動車やＩＴ、家電などの産業で日本を脅かす存在になってきました。プーチン氏が大統領に復帰したロシアは、中国を警戒しつつ、極東やシベリアの経済開発において中国との協力を深めようと動きはじめています。

とりわけ、日本のこれからの外交戦略を考えるうえでよく見ておかなければならないのは、太平洋をはさんで向かいあう二つの大国、アメリカと中国の関係です。

かつて経済成長が著しいブラジル、ロシア、インド、中国の新興四ヵ国を「ＢＲＩＣｓ」と名づけたことで知られる米投資会社ゴールドマン・サックス・アセット・マネジメントのジム・オニール会長は、昨年出した新著で、国内総生産（ＧＤＰ）で日本を抜き去った中国が、二〇二七年までにはアメリカも抜いて世界一の経済大国に躍り出る、と予測しました。ほかにも多くの専門家やシンクタンクが同じような見通しを示しています。

また、スウェーデンの著名なシンクタンク、ストックホルム国際平和研究所が発表した二〇一〇年の世界軍事費報告によれば、中国の軍事費はアメリカの六分の一の一二〇〇億ドルで、世界第二位。その実態についてはさまざまな見かたがありますが、伸び率は世界でもっとも高く、少なくとも軍事費の額においてはそう遠くない時期にアメリカに肩を並べるのが確実とみられています。アメリカが「唯一の超大国」と呼ばれる時代はもうすぐ終わり、米中が世界の覇を競う時代に入ろうとしているのです。

アメリカの近年の外交・安全保障戦略は、このような経済・軍事両面での中国の台頭をはっきりと意識し、それにどのように対処するべきかを強く念頭において形づくられています。

二〇一二年一月にオバマ政権が発表した新しい国防戦略は、アジアを重視する姿勢を鮮明に打ち出したことで注目を集めました。財政難のため国防予算の大幅な削減を迫られるなかで、イラクやアフガニスタンなどで続けてきた「対テロ戦争」からアジア太平洋地域に兵力をシフトさせ、不安定さを増している朝鮮半島や南シナ海の安全保障環境に万全の対応をしようというのです。「世界の成長センター」であるアジアに、アメリカが死活的な利害を見出していることを物語っています。

新国防戦略には、中国との関係について興味深い表現がみられます。「米中は東アジアの平和と安定に深い利害をもっており、協力的な関係を構築するのが利益だ」と指摘しつつ、必ずしも透明性があるとはいえないかたちで軍備の増強を続ける中国にたいし、

「アメリカの安全保障を脅かす可能性がある」

「（アメリカは）南シナ海を中国の勢力圏にさせないための戦力を維持する」と名指しで強く牽制しました。

つまり、決定的な対立を避けるための配慮をにじませながらも、アジア太平洋地域の「覇権」を中国に譲り渡すことはできないという意志を、あきらかに示したのです。

「ハブ・アンド・スポークス」から「リージョナル・アーキテクチャ」へ

冷戦時代は、米ソ二つの超大国を軸として、アメリカ側には西欧諸国や日本、韓国、オーストラリア、カナダなどの自由主義国が、ソ連側には東欧諸国や中国、キューバなどの共産主義国が同盟するかたちで、世界の主要国は東西両陣営にわかれて鋭く対立していました。覇権国（米ソ）と周辺国との関係は、太陽とその周囲を回る惑星のようでもありましたし、国際政治学では自転車の車輪になぞらえて、「ハブ（車軸）・アンド・スポークス（車軸から放射状に伸びる棒）」の関係とも称されました。そのつながりはきわめて強固で、経済的な結びつきもそれぞれの陣営の内と外で分断される傾向にありました。

しかし、冷戦に終止符が打たれ、自由主義か共産主義かという明確な対立軸が消えると、とくにグローバル化が著しい経済面で国家間の関係はより複雑に絡みあうようになりました。

たとえば、日本の貿易相手国をみると、まず輸入は二〇〇二年にトップがアメリカから中国へと移りました。その大きな原因は、日本のメーカーが労働コストの低い中国に工場を次々に建て、そこで作られた製品を輸入しはじめたことにあります。二〇一〇年には中国からの輸入額が約一三兆四一〇〇億円、アメリカからが約五兆九一〇〇億円と、二倍以上の開きが生じるまでになりました。

日本からの輸出相手も、一九五〇年代から半世紀あまりにわたってアメリカがトップを維持してきましたが、リーマン・ショックによるアメリカ経済の後退をきっかけに二〇〇九年、とうとう中国が一位の座を奪いました。中国が牽引するかたちで、日本からアジア諸国への輸出は、一九九〇年には全体の三一パーセントにすぎなかったのが、二〇一〇年には五六パーセントを占めるまで増えました。

このままでは、日本を含むアジア太平洋地域で中国の影響力がますます強まることは避けられず、アメリカは覇権国として振る舞いつづけることがむずかしくなります。では、アメリカはどのような戦略で中国に対抗しようとしているのでしょうか。

そのひとつの回答といえるのが、これまでの「ハブ・アンド・スポークス」関係に軸足を置いた考えかたから、国際関係の新しい枠組みとなる「地域機構」(Regional Architecture＝リージョナル・アーキテクチャ)の形成を促す方針への大胆な転換です。

TPPの本質とは

第二次世界大戦後、アメリカはヨーロッパではNATOと集団安保体制をとっていましたが、アジア太平洋地域においては、日米、米韓、米豪、米比、米タイといった二国間の安全保障関係をいくつも束ねることで、アジア太平洋地域の秩序を維持しようとしてきました。これがいわゆる「ハブ・アンド・スポークス」関係です。あくまでアメリカとの二国間の関係が基盤であり、覇権国たるアメリカは、基本的に周辺国どうしが関係を深めることを嫌いました。

一方、リージョナル・アーキテクチャという概念は、このところのアジア太平洋地域の安全保障をめぐる議論のキーワードとしてしばしば登場するようになりましたが、そこでは周辺国どうしの協力や多国間のネットワークが志向されます。

アメリカのゲーツ国防長官は二〇〇八年五月、アジアの安全保障に関する年次会議で「われわれは地域特有の問題にたいしてさまざまなフォーラムが制度化されることへの利益を共有し、これら制度の発展に参画していきたい」と発言しました。また、翌年の同じ会議で「(従来の)ハブ・アンド・スポークス関係に加え、アメリカの同盟国や協力国どうしの関係の強化と、より多くの多国間協力とのよい相互関係を望む」とも述べています。

クリントン国務長官も二〇一〇年一月、ハワイで「アジアの地域機構―理念と優先事項(Remarks on Regional Architecture in Asia: Principles and Priorities)」と題する演説をおこないました。そのなかで「アメリカは力強く永続的な二国間関係を維持していくだけでなく、アジア地域が直面する困難に対処する手助けをするうえで中心的な役割も果たしていく」との決意を示したうえで、そのためには「信頼を構築し、競争による摩擦を抑制する機構が必要だ」と指摘しました。

さらに、ASEANを「重要な成功例」ともちあげ、「ASEANにたいする支持を継続するとともに、アメリカ・ASEANの強化されたパートナーシップのもとで、能力開発活動に引きつづき力を入れる」という考えを表明しました。

ここに挙げた米政府首脳の発言からは、長く同盟関係を保ってきた日本、韓国やASEAN諸国などと協力し、アジア太平洋地域において新しい国際的な構造（地域機構）をつくるためのイニシアチブをとることで、この地域での影響力を保持しようとするオバマ政権の意図が読み取れます。それはとりもなおさず、アジアでの中国の力を相対的に削ぐことを意味します。

このところ日本では、TPPに参加すべきか否かの議論がかまびすしいのですが、多くはこれをたんなる貿易自由化の交渉ととらえ、農業や国民皆保険制度をはじめとする国内の産業や暮らしへの影響ばかりをクローズアップしがちなように見えます。それはそれでもちろん大切なことではありますが、外交や国際関係を考える際の視点としては十分ではありません。

じつはこのTPPこそまさにアメリカがめざす「リージョナル・アーキテクチャ」のひとつであり、アメリカは周辺国とともに形成するTPPの枠組みを利用して、アジア太平洋地域の経済外交の主導権を確保しようとしているのです。先のクリントン長官の演説でも「アメリカは、アジア太平洋地域の多くの主要国とのあいだの連携を進めるメカニズムとして、環太平洋パートナーシップ協定の貿易交渉をおこなっている」と言及されています。TPPはたんなる貿易協定ではなく、投資や経済関係についての高度なルールに基づいた地域協定です。中国は知的所有権の問題があり、少なくとも現在の状況ではTPPに参加できません。日本はアメリカとともに、アジア太平洋地域の新しい経済ルールづくりにリーダーシップを発揮していき、中国のアジアにおける経済支配を牽制する戦略をとるべきです。

そして、TPPはリージョナル・アーキテクチャの一例にすぎません。アメリカは今後も同じ意図でさまざまなしかけをしてくるでしょう。TPPの議論に加わろうというのなら、そのあたりの文脈をきちんと理解してかからないと、大国の覇権争いに巻きこまれて利用されるだけで、日本の国益を損ねる結果になりかねません。

2 「先手を打てる」外交のために

「フォロワー」からの脱皮

二〇一二年、中国ではトップの国家主席が交代し、新しい指導部が誕生します。アメリカでも大統領選挙がおこなわれます。米中のさやあてを軸としてアジア太平洋地域の国際環境が劇的に変化するなかで、日本はどんな戦略をもち、どう立ち回るべきなのでしょうか。

冷戦時代、日本はアメリカの傘の下で、西側陣営の「スポークス」のひとつとして振る舞っていればよかったのです。それは、世界全体が冷戦というイデオロギー対立の状況にあったからであり、敵か味方かというしごく単純な思考が通用したからでした。

しかし、これからはそうはいきません。「日米同盟を深化させる」とか、「中国との経済関係を緊密にする」といった単純なお題目ではない、より実戦的でしたたかな外交が求められているのです。大国にひたすら追随するだけの「フォロワー」から脱皮し、みずから旗を振って地域の国際社会の方向性をリードする主体的な発想が必要になってきます。

国際的な安全保障上の主要課題が、従来とは異なった性質のものになっていることにも留意しておかなければなりません。国家間の戦争よりも地域的な民族紛争やテロ、海賊行為などが国際社会にたいする新たなチャレンジとして浮上してきました。こうした特定の国家にとどまらない問題に対処するためには、「ハブ・アンド・スポークス」の同盟関係を頼むよりも、それぞれの課題にあわせて多国間で機能的な協力の枠組みをつくることが有効です。

そこでまず日本がとるべき道は、同じく米中のはざまにある韓国やASEAN諸国と組んで新しい国際的な枠組みをつくり、そのなかでリーダーシップを発揮しながら、アメリカも中国もうまく巻きこんでいくような生きかたでしょう。

アメリカの先を越してリージョナル・アーキテクチャの形成をリードできれば、この地域で主体的に国益を追求する道が開けます。要するに、アメリカだけが有利になるような構造を作らせるのではなく、韓国、ASEANなどと共通の利益をすりあわせ、逆にアメリカや中国を自分たちの土俵に引きこむ戦略が求められているのです。

災害対応プラットフォームの形成

その際、リージョナル・アーキテクチャを結節するテーマのひとつになりうるのが、大規模な災害にともなう人道危機への対応です。

地震国・日本に限らず、アジアには自然災害が非常に多く起こります。『平成二十一年版 防災白書』によれば、一九七八年~二〇〇七年の三十年間に世界を襲った自然災害の三七パーセントがアジア地域で起きています。最近のものだけを挙げても、二〇〇四年のインド洋大津波、二〇〇五年のパキスタン北部地震、二〇〇八年のミャンマーのサイクロンと中国四川省の地震、さらにパキスタン、フィリピン、タイの洪水被害など、枚挙にいとまがありません。被災者のじつに八九パーセント、死者の五九パーセントがアジアに集中しているといいます。

アジアの国々にとって、自然災害による被害をできるだけ減らし、被災者にたいする人道援助において互いに助けあうしくみを作ることは、切実な課題といえます。そこでは政府だけでなく、急速な経済発展にともなって力をつけている各国の企業社会や、たび重なる災害支援を経験し連携を深めつつあるNGOなど、民間のリソースを積極的に取りこむことが有効と考えられます。

そこで日本としては、災害対応をテーマとしてアジア太平洋地域の国の政府や民間企業、NGOなどが連携するためのプラットフォームの形成を働きかけ、先導してはどうでしょうか。

災害対応は、人道目的であるがゆえに、国の立場や利害を超えて手を結びやすいテーマといえます。また、阪神淡路大震災、東日本大震災など数々の震災を経験し、さらにアジア各国の災害からの復興にも積極的に貢献してきた日本は、プラットフォームを主導するのにふさわしい国とみられるでしょう。

政府と民間、営利と非営利という、セクターの枠を超えた（クロス・セクター）組織を巻きこむことで、資金的にも援助のアウトプットの面でも、最小限の税金の投入で最大の効果をあげることができます。先行モデルとして参考になるのは、国際人道援助の分野で日本のNGOの初動を支えるため二〇〇〇年に設立されたジャパン・プラットフォーム（JPF）です。

政府（外務省）、経済界、NGOなどが連携したJPFは、これまでに約二三〇億円にのぼる資金を現場で人道援助活動にあたるNGOに提供してきましたが、そのうちの約四割は税金ではなく、民間企業や一般の寄付者から集められました。政府だけでなく民間もリソースを提供しているので、資金の拠出などを決める際には、官民のアクターがそろった会議体で意思決定をします。そのため、政府とNGOが一対一で交渉する場合に比べて、運営の透明化が図られています。このJPFの経験を、アジア太平洋地域の国際的な枠組みへと昇華させることが、当面めざすべき方向ではないかと考えます。

朝鮮半島の混乱に備えて

地域機構としてのプラットフォームの実効性を担保するためには、日中韓協力事務局やASE

ＡＮプラス３などの枠組みを活用し、早い段階で中国を引きこむことが肝要です。アメリカとのあいだでは、日米同盟の新たな価値として人道危機への対応を掲げ、参加を促せばいいでしょう。日本は、このプラットフォームを舞台としてみずからの主体性を確保し、米中のあいだを取りもちながら、アジア太平洋地域の新しい協力関係づくりに一役買うことができるはずです。

この枠組みは将来、地域紛争など災害対応以外の問題にも活用できる可能性があります。とりわけ日本にとって有効と考えられるのは、北朝鮮の体制崩壊などに端を発した人道危機への対応です。

朝鮮半島を侵略した過去をもつ日本は、かりに北朝鮮が大混乱に陥り、周辺国へ多数の難民が流出するような事態になっても、自衛隊を人道支援のために現地へ派遣することは現実問題としてむずかしいでしょう。治安やアクセスの問題から、民間のリソースを大量に動員することも、大きな困難をともないます。しかし、プラットフォームを活用すれば、それを文字どおりの「土台」として日本の企業やＮＧＯが朝鮮半島の有事にたいしてより有効な貢献をすることが可能になります。

朝鮮半島をめぐる危機については、しばらく前までは北朝鮮軍と米・韓国軍が正面から衝突する事態がもっとも心配されていましたが、現在はそれよりも、北朝鮮の体制そのものの内部崩壊による混乱のほうが現実的な脅威であると、専門家のあいだではみられています。その際にカギとなるのは、地理的にも政治的にも中国との連携をいかに構築できるかです。プラットフォームは、いざというときに備えた中国との協議の重要な場ともなりえます。

ヨーロッパでは、一九五〇年代初めに資源の共同管理をめざした「欧州石炭鉄鋼共同体」（ECSC）が設立されたのをきっかけにして、地域統合の動きが始まりました。その後、経済とエネルギー分野でも共同体ができ、それらをしだいに深化させることで、政治・経済の両面で幅広い統合を成し遂げた欧州連合（EU）の発足につながったのです。

ヨーロッパと歴史の異なるアジアが将来どこまで地域統合に向けて歩み出すかは今の時点でなんともいえませんが、もしかしたら、災害対応を最初のよりどころとしたプラットフォームがアジア統合の前身と呼ばれる日が来るかもしれません。

3　ODAの有効な使いかた

ODAは役に立っているのか

政府開発援助（ODA）は、憲法上の制約のため軍事的な国際貢献に限界がある日本にとって、外交のきわめて重要な手段とされてきました。日本のODAの実績は、二〇一〇年の支出純額（支出の総額から、過去に貸し付けた資金の返済額を差し引いたもの）ベースで約九六七二億円。アメリカ、イギリス、ドイツ、フランスに次いで四年続けて世界第五位でした。

一九九三年から二〇〇〇年までの八年間、日本は「世界一の援助大国」の座を守りつづけてきましたが、経済バブルの崩壊や社会保障費の急増などで九〇年代の後半から国の台所が一気に厳しくなり、ODAは削減圧力にさらされるようになりました。一般会計の予算でみると、二〇一一年度のODA予算（五七二七億円）は、ピークだった一九九七年（一兆一六八七億円）の四九パーセントにまで減っています。

ODAを所管しているのは外務省だけだと思われるかもしれませんが、じつは財務省、経済産業省から金融庁や警察庁まで、関係する役所は十二省庁にのぼります。さまざまな援助の手法があり、お金の流れもじつに複雑でわかりにくいものですが、大きくは開発途上国に直接届けられる二国間援助と、国際機関への拠出とに分けられます。その割合は二〇一〇年実績でほぼ2：1です。

二国間の援助はさらに三つに大別され、相手国に返済を求めない無償資金協力が約三〇四〇億円（そのうち国際機関を通じた贈与が約一一一四億円）、技術協力が約三〇五三億円、そして政府による貸付が約三四六億円となっています。

いま、日本の財政には大震災からの復興にかかる経費が重くのしかかっています。そうでなくても、高齢化の進展によって年金や介護、医療などの社会保障費は増える一方です。歴史的な円高や電力供給にたいする不安から、製造業の拠点がどんどん海外に移り、産業の空洞化もじわじわと進みつつあります。そんなたいへんなときに、一時期より減ったとはいえ、海外への多額の援助を続けることは、はたして正当化されるのでしょうか。

技術協力は必要性に疑問

結論から言うと、現在のＯＤＡにはムダや非効率があまりにも多すぎます。額はさらに半減させてもかまわないし、もっと民間のリソースを活用するしくみづくりも必要です。

とくに問題が多いと考えられるのが、「技術協力」。技術協力というのは、途上国の国づくりを担う人材を育成するため、日本がもつ技術やノウハウを移転しようとするものです。

なかでも金額が大きいのが、国際協力機構（ＪＩＣＡ）を通じた協力で、全体の半分近い一四五六億円余にのぼります。途上国の行政職員や技術者などを受け入れる「研修員受け入れ事業」、途上国の政府機関などにさまざまな助言・指導をする「専門家派遣事業」などがおこなわれており、一般によく知られている青年海外協力隊の派遣、災害時の国際緊急援助隊の派遣も、この技術協力の枠組みに分類されます。

しかし、技術協力がこれまで主に援助の対象としてきた東南アジアの国々では、急速な経済成長にともなって農業、インフラ整備、教育などあらゆる分野で技術が向上しており、たとえば道路をつくるなら、民間ベースで現地の業者に発注すれば足ります。なぜ政府の援助機関が、わざわざ民間より高いコストをかけて技術移転をしなければならないのか、合理的な説明はむずかしく、枠組みそのものの必要性に疑問が生じています。

一方、日本からの技術移転をほんとうに必要としているのは、内戦などで政府が統治機能を果たせなくなってしまった「破綻国家」です。こうした国々では、政府も民間も十分な技術やノウハウを培うことができず、戦災からの復興の大きな支障となっています。しかし、現在の技術協力は、相手国からの要請にもとづく「要請主義」をとっており、そもそも破綻国家への対応は想定されていません。これでは真のニーズをカバーすることはできません。

ＪＩＣＡを資金供給の専門機関に

実施主体のＪＩＣＡについては、以前からさまざまな組織運営上の問題点が指摘されています。民主党政権による「仕分け」でも、業務委託契約に競争性や透明性が欠けていることに加え、職員の給与水準が国家公務員に比べて三割も高いこと、保有する研修施設が多すぎて莫大な維持管理費がかかること、海外出張時の飛行機のビジネスクラス利用に象徴されるぜいたくやムダ遣いなどが取りあげられ、ＪＩＣＡ側は釈明に追われました。ＯＤＡの効率性の点からも、政府機関としての説明責任の点からも、ＪＩＣＡに向けられる視線はきわめて厳しいものがあります。

このさいＪＩＣＡは技術協力をやめ、民間企業やＮＧＯなどにＯＤＡの実施主体としての役割を全面的に譲ってはどうでしょうか。その場合、ＪＩＣＡはFunding Agency（資金提供機関）としての機能に特化し、援助の主体である企業やＮＧＯに資金を供給すればいいでしょう。あるいは場合によっては、途上国の復興に民間企業の力をもっと活用するための調整役として働くことも必要かもしれません。

新しい組織は、これまでのように政府資金（税金）だけを原資とするのではなく、民間からもリソースを調達する工夫がほしいところです。投資減税やＰＦＩ（民間に公共施設の建設や運営をゆだねる手法）などの制度をうまく組みあわせれば、途上国の開発プロジェクトに民間の積極的な投資を呼びこむことは不可能ではありません。いわば「官民共同」の機関とすることで、ＯＤＡ自体の予算規模を小さくしてもこれまで以上の資金供給力をもつことができるし、組織運営の効率性や透明性も高まるでしょう。

同じくＪＩＣＡが担っている有償資金協力（円借款）も、財政の逼迫にともなって手法を工夫するべき時期にきています。たとえば、政府機関であるＪＩＣＡが直接融資するだけでなく、民間の金融機関が融資する際の信用保証に回ることも、真剣に検討すべきではないでしょうか。

もちろん信用保証であっても、貸倒れのリスクを完全に避けることはできませんが、実際に不良債権化して穴埋めを求められるのはごく一部であり、同じ予算でより多くの融資案件を生み出すことができます。民間資金を途上国に誘導することにより、援助の費用対効果を最大限に高められる可能性があります。

このようなかたちでＪＩＣＡを生まれ変わらせようとすることにたいして、そもそも政府系の援助機関を残す必要があるのか、という議論が生まれる余地ももちろんあります。運営の効率性や透明性を高めるための努力をＪＩＣＡが本気でしなければ、先に述べたジャパン・プラットフォーム型の組織との競争に敗れ、取って代わられることもおおいにありえます。絶滅すべき「恐竜」の運命をたどるのか、それとも新しい環境に適応して進化を遂げるのか、ＪＩＣＡの改革姿勢が問われています。

無償資金はＮＧＯ経由で

無償資金協力にもおおいに改善すべきところがあります。なかでも無償資金の三分の一以上を占める、国連など国際機関を通じた贈与については、外務省の現職の高官ですら「効果に疑問がある」と問題視しています。国際機関を経由した援助を思いきって減らし、ＮＧＯなどをもっと積極的に活用していくべきです。

国連などを通じた贈与のもっとも大きな問題点は、いったん別の財布に資金が入ることにより、現場での日本のプレゼンスがほとんど消えてなくなってしまうことです。一九九一年の湾岸戦争で「金は出すが、人は出さない」という対応をとったことが「キャッシュ・ディスペンサー（現金支払機）」と揶揄されて以来、日本は「顔の見える援助」をめざしてきたはずですが、それとはまったく逆の結果になってしまっています。

また、官僚の無謬性にたいする信仰からなのか、国際機関にいったん資金を出してしまうと、それがいかに多額であろうと、日本の会計検査院が使途をチェックすることはいっさいありません。日本が意図したとおりに資金が使われたかどうか、不正や無駄がないかを正確にモニターすることはむずかしく、これでは、ソフトパワーを活用した戦略的な援助にはほど遠いと言わなければなりません。

一方、現場に根ざした活動をするＮＧＯを通じて無償資金を流せば、日本のプレゼンスは今よりもずっと高まり、相手国のニーズにもより的確にこたえることができます。コストパフォーマンスの点でも、ＮＧＯには政府間の援助に比べて著しい優位性があり、必要な物資などを現地調達することで相手国の経済にもよいインパクトが期待できます。

先に挙げた二〇一一年度一般会計のＯＤＡ予算五七二七億円のうちで、ＮＧＯ経由の途上国支援やＮＧＯの能力強化（キャパシティ・ビルディング）に使われる額は約七三億円。もっとも多いのは、日本のＮＧＯの申請にもとづき経済・社会開発や緊急人道支援などのプロジェクト費用を拠出する日本ＮＧＯ連携無償資金協力で、五〇億円。ほかにＪＩＣＡ草の根技術協力、ＮＧＯ事業補助金、ＮＧＯ活動環境整備支援事業が含まれます。

七三億円という額はＯＤＡ予算の一・三パーセントにあたりますが、これは開発援助委員会（ＤＡＣ）のメンバーである主要な援助国のうちオランダ（一五・六パーセント）やアイルランド（一三・三パーセント）の十分の一以下の割合であり、ベルギー（六・七パーセント）、デンマーク（六・六パーセント）、ニュージーランド、スウェーデン（いずれも五・七パーセント）などと比べても低い数字です。制度のちがいもあって、割合だけを単純に比較することはできませんが、

ＮＧＯの案件形成や事業実施の能力が年々高まっていることに照らして考えれば、日本の数字はけっして十分とは言えません。ここ数年、外務省もＮＧＯとの連携に力を入れつつありますが、もっと積極的かつ大胆にＮＧＯの力を活用するべきです。

「おつきあい」の拠出金を見直せ

二〇一〇年の実績で約三二三二億円にのぼる国際機関への出資・拠出も、いわゆる「おつきあい」の色が濃く、日本の国益にとってどれだけの効果があるか疑わしいものです。

二〇一一年度の予算ベースでみると、もっとも多いのが、市場からの資金の借り入れがほとんどできない低所得の国に無利子の長期融資などをおこなっている国際開発協会（ＩＤＡ）への出資金で、その額は約一一七〇億円にのぼります。ほかにも、アジア太平洋地域の途上国に融資するアジア開発基金（ＡＤＦ）への拠出金四四〇億円、途上国の気候変動問題にたいする取り組みを支援する気候投資基金（ＣＩＦ）への拠出金三七〇億円、国際復興開発銀行（ＩＢＲＤ）への出資金一九二億円など、巨額の資金がたくさんの国際機関に流れています。

ここに名前を挙げた国際機関について知っている日本国民が、はたしてどれぐらいいるでしょうか。それぞれどんな仕事をしていて、日本が負担した資金がどのように役立っているのか、多額の税金を使っているにもかかわらず、ほとんど説明らしい説明がなされたことはないと思われます。また、出資金や拠出金の額が妥当なのか、それが日本の国益にどのように寄与し、国際社会でどう評価されているのかについても、だれが何を基準に判断しているのでしょうか。

これら国際機関の一部については、財務省ＯＢの天下り先になっているだけではないか、という厳しい指摘もあります。惰性やおつきあいで支出するには、あまりにも大きな金額であり、そのまま放置することは許されません。支出の必要性や意味をもう一度ゼロからチェックし、聖域を設けることなく見なおすべきです。

何のためのＯＤＡか

そもそも、なぜ、何のためにＯＤＡを実施するのか、という目的が、きわめてあいまいです。

よく知られているように、日本のＯＤＡは第二次世界大戦の戦後賠償にその起源があります。一九五四（昭和二十九）年の「日本・ビルマ平和条約及び賠償・経済協力協定」を皮切りに、フィリピン、インドネシア、ベトナムとのあいだで賠償協定が結ばれ、一九五〇年代から六〇年代にかけてほかのアジア諸国にたいしても無償援助がおこなわれました。現在にいたるまでアジアにたいするＯＤＡが大きな割合を占めているのは、この戦後賠償からスタートしたことと無縁ではありません。

日本が援助国となって間もない一九五七年、当時の岸信介首相は「我が国の経済発展と国民の繁栄を図る見地から」ＯＤＡを供与する、と述べました。日本の国益を実現するための手段としてＯＤＡをはっきりと位置づけていたことがわかります。

こうした方針のもと、途上国の開発プロジェクトにたいする有償資金協力は、必要な資材や役務を日本企業から調達するように条件づけた「ひも付き」で供与され、日本企業の輸出振興につながりました。

一九七〇年代に入ると、日本の経済成長にともなって援助額が急激にふくらみ、その形態も多様化しました。七四年にはＪＩＣＡ（当時の名称は国際協力事業団）が設立されます。しかし、量的拡大の一方で、日本企業に利益が還流していることにたいし、海外から大きな批判が巻き起こりました。それを受けて日本政府は、円借款については「ひも付き」をやめ、援助国と途上国の「相互依存」という理念を強調するようになります。

その後、一九九二年に政府が示したＯＤＡ大綱では、「人道的考慮、相互依存、環境の保全、自助努力」という四つの理念が掲げられましたが、九四年にはふたたび、ＯＤＡは「国益」に合致するものでなければならない、という観点が加わりました。

このように、半世紀あまりのあいだにＯＤＡの理念・目的はいくたびか変遷を遂げてきましたが、いまもそれは明確になったとは言えません。それがあいまいなままでは、たんなる「ばらまき外交」と批判され、予算を削減されてもしかたありません。

かつて世界中にすぐれた商品を供給してきた「メイド・イン・ジャパン」の地位が揺らぐなかで、

・日本は何をもって世界の敬意を得ようとするのか。
・アメリカや中国とは異なる日本の価値をどのように認識されたいのか。
・破綻国家やテロリズムの根本原因を断ち切るために日本だから果たせる役割は何か。
・大震災や原発事故の教訓を、どうすれば世界の平和と安定に生かしていけるのか。

そうしたさまざまな観点から、ODAの目的をいま一度考えてみなければなりません。国際政治上の戦略としては、先に述べたリージョナル・アーキテクチャをつくるための手段として、ODAを積極的に活用することを考えるべきでしょう。援助の地域や分野を工夫し、それをてこにして、日本がイニシアチブを発揮しやすい環境を整えるのです。

また、将来的には中東をはじめとする地域の武力紛争にたいし、欧米諸国より中立的な立場を生かして介入することも、日本の援助外交のあるべき姿として考えていいでしょう。そのためには、武力紛争に関する専門的な研究機関を設立し、世界の英知を集めて研究を積み重ねるとともに、現場での豊かな経験と国際政治や紛争解決などの知識を併せもった人材を育成する必要があります。そうした将来の目標を達成するためにこそ、ODAを有効に使うべきなのです。

第六章 公平な能力主義に基づく教育

私の約束

河野太郎政権ができたら

①文部科学省を解体し、義務教育に関する権限と財源を自治体に移譲します
②自治体の判断で義務教育での習熟度別授業や小中連携の強化ができるようにします
③英語で教える小中高の設立を可能にします
④教育委員会方式を改め、教育のマネジメントができるようにします
⑤大学入試の学力検定を改めます
⑥大学にたいする補助金総額を適正化します

1　文部科学省はいらない

事実にもとづいた評価ができず、バラマキを続けている文部科学省は解体すべきです。

ムダだらけのモデル事業

文部科学省には数多くのモデル事業がありますが、これらの予算はムダだらけです。個々の事業の名前を見ると、たとえば、「豊かな体験活動推進事業」とか「子どもの健康を育む総合食育推進事業」など、どの事業にもたいそうな名前がついています。しかし、現実にその事業がどう役に立っているのでしょうか。

「豊かな体験活動推進事業」では、バス代や宿泊費を国費で負担して、モデル校に指定された小学校の児童を農村や漁村に連れていって、さまざまな体験をさせます。しかし、小学校ではすでに修学旅行をはじめとする体験活動が年間七、八日組まれていて、それに加えてこの事業をするというのは現実的ではありません。事前の準備にも時間がとられ、ただでさえ足りない今の授業時間がもっと短くなってしまいます。モデル事業の費用を国が全額負担するうちは、学校はしかたなくやりますが、モデル事業が終了し、予算が出なくなってしまえば、その後もバス代や宿泊費を自己負担してまで続けようという学校はありません。

本来、モデル事業というのは、国が先行事例として開発し、その後に取り組みを広げる参考となるものでなければいけません。しかし、そのモデル事業について、どれが成功で、どれが失敗なのか、という評価はなにもされていません。文部科学省からは、モデル事業を評価するものさしも示されていません。また、文科省は、各地で行われている成功例を調べてもいません。いくつかの学校や自治体で成功している事業があっても、これを利用せずに、文科省が机上で考えたやりかたでまた新しい事業を進めてしまうのです。

その場の思いつきとやりっぱなし、現場の負担無視のモデル事業は文科省の教育行政の象徴です。モデル事業に使われている予算をもっと切迫した問題に充てることはもちろんですが、地域コミュニティを信頼し、地域コミュニティの智恵とやる気をフル活用する教育行政への転換が必要なのです。

役割の絞りこみ

少なくとも義務教育ならびに高校までに関して、国は、義務教育の到達点を示す、大学入学に必要な学力を示してその検定をおこなう、離島その他にたいする必要な支援をおこなうなど限られた役割のみを果たすというように、その役割の絞りこみをすべきです。

義務教育は、その運営に必要な費用は国が責任をもちますが、住民にいちばん身近な基礎自治体、つまり市区町村の業務に位置づけるべきです。高校は、広域自治体である都道府県が運営すべきであり、大学以降の高等教育は、国が責任をもつといった役割分担が必要です。また、自治体や都道府県も、学校運営に責任をもつ民間組織にその業務を委任することもできるようにしていかねばなりません。

国が義務教育や高校の到達点を示すということは、国が全国一律の学力テストを実施し、その結果を学校単位まで公表し、学校運営の評価に役立てることができるようにするということです。ここにも、事実と評価にもとづく政策運営が求められるのです。

公立学校の立て直しには、お金がかかります。親の経済格差を子ども世代にもちこませないためにも、きめ細かな政策が必要です。しかし、他方、そのために現金をバラまくのでは、いくら財源があっても足りません。民主党のマニフェストの目玉である子ども手当はもとより、三党で合意した児童手当に関しても、ほんとうに現金を支給することが子どものため、教育のためになるのかを厳しく検証しなければなりません。たとえば、教育や子育てに関するバウチャー（民間も含めて提供されるサービスをうけることができる受益権）の配付に転換するなど、本来の目的に適った政策の実施が必要なのです。

省庁統合の弊害

文部科学省を解体すべきもうひとつの理由は科学技術行政の問題です。橋本行革の省庁再編で旧科学技術庁は旧文部省に統合することになりました。旧科学技術庁時代から、原子力などに代表される利権に群がるムラ社会が横行していましたが、旧文部省と統合したことにより、さらに問題は深刻化しました。科学技術の研究開発の一翼を担う大学が、教育行政の予算によって役所のイエスマンとなりました。事業の評価をまったくしない文部省の特徴は科学技術政策に深刻な影響をもたらしました。

平成元年つまり一九八九年から二〇一一年までのあいだに、高齢化の影響もあって政府の一般会計予算のなかの社会保障費は二三〇パーセント近い伸びを示しました。ところが同じ期間に科学技術振興費は三〇〇パーセント近く伸びています。

それだけの財政支出をしているにもかかわらず、結果にはまったく結びついていません。文科省がおこなった「科学技術に関する意識調査」によれば、「科学的発見に対する関心度」は欧米十五ヵ国の比較で、日本は最下位、しかも一九九一年と比較して二〇〇一年は落ちこんでいます。

理工学・農学・保健の分野での博士課程入学者数は二〇〇三年をピークに伸びていませんし、大学におけるライセンス料収入を日米で比較すると、二〇〇三年にアメリカの大学のライセンス料収入は一五一四億円だったものが二〇〇七年には二四四九億円に伸びている一方、日本の大学は二〇〇三年の五四三億円が二〇〇七年には七七四億円と、絶対額も伸び率も低迷しています。

そもそも、科学技術政策と一言で言いますが、未知の真理を探究する「科学（純粋科学）」と研究開発の成果が社会や生活の発展につながる「科学技術（応用開発）」は区別すべきものです。

科学（純粋科学）は、物質とは何か、生命とは、宇宙とは……といった未知の真理を探究したいという人間の本源的欲求です。成果を求めず、一定の資源を継続して配分していかなければなりません。

一方、科学技術（応用開発）はバイオ、ロボット、ロケットなど、純粋科学にもとづいた技術であり、国民生活の向上や産業の発展を導き、ひいては雇用を生み出すなど、具体的に「役に立つ」ものです。

文科省から科学技術政策を引き剝がす

文科省の科学技術政策の説明に出てくるのは「夢」、「希望」、「わが国の生命線」、「世界一」といった抽象的な言葉ばかりで、経済や産業の動向に無関心で「役に立つ」ことは何も考えていません。

たとえば多額の国費を投入したスパコンに関しては、自民党の事業仕分けから始まり、民主党政権での事業仕分け、国会での事業仕分けを通じて、文科省の答弁は的はずれであり、もっとも根幹である当初のスカラー・ベクター複合型からスカラー型のみに変更された理由については未だに明らかにされないという、ほとんどサボタージュといってもよいものでした。国費を投入する事業として有為で具体的な指摘があったにもかかわらず、文科省は抽象的、意味不明な答弁しかすることができず、例のノーベル賞学者の記者会見など、スパコンの議論を「世界一」をめぐる議論に貶めたのは理化学研究所（理研）と文科省でした。

　利用者の視点を取り入れるとしたスパコン利用のコンソーシアムは、旧来のスパコン村の住人、関係者ばかりになるなど、スパコン村の利権を文科省がいっしょになって守っているという構図が透けて見えてきました。さらに、各仕分けの結論にたいしても、予算を補正予算で前倒ししたり、メンテナンスコストを先送りしたりして、見かけ上縮減したものの、実際の国民負担についてはかえって大きくなる懸念がもたれています。

『『科学技術基本計画』の策定および関連する省庁間の調整」を担当する総合科学技術会議と、「科学技術に関する基本的な政策の企画および立案並びに推進、科学技術に関する研究および開発に関する計画の作成および推進、科学技術に関する関係行政機関の事務の調整に関すること」を担当する文科省が並立するという二重構造になっている現在のしくみでは、司令塔としての役割をどちらも果たすことができません。

　文科省から科学技術政策を引き剝がし、まさに国家戦略として、官邸主導でこれを進めていかなければなりません。

　また、この際、科学技術（応用開発）分野については、投じた予算と成果がどうなったのか、事後評価を繰りかえし、予算の配分の見なおしを不断に続けていくことが必要なことは言うまでもありません。

2　わかる授業のその先へ

いまこそ、少年よ、大志を抱け!!

最近、いろいろな大学のサークルや弁論部に所属する学生から講演に呼ばれたり、居酒屋で意見交換したりする機会が増えました。

驚いたのが、みんな揃って黒いリクルートスーツを着てくることです。女子大生も黒いスーツです。なんでみんな同じ格好をしているのかと尋ねると、人とちがう格好をして目立ったりしないためにといいます。自分を売りこまなければならないときに、目立たないようにしようというのでは、本末転倒です。人と違うことをしている大学生を採用しないというような会社に未来はありません。

私の議員会館事務所には毎年何人かの大学生がインターンとして入ってきます。彼らも時期になると就職活動を始めます。

話を聞いているとほとんど全員が、日本国内で就職活動をしています。

江戸の小咄にたしかこんなものがありました。

ある夜、街灯の下で一生懸命にどぶさらいをしている人がいた。

何をしているのかと尋ねると、落とした財布を探しているという。そりゃお困りでしょうといっしょに探してあげることにした。

しかし、一時間探しても見つからない。落としたのは正確にどの辺ですかとたずねると、道の反対側のどぶをさして、あのへんかな。

えっ、それじゃなんでここで探しているのですか、と尋ねると、向こうは暗くてよく見えないけれど、ここなら街灯があって明るいから。

どんなエコノミストに聞いてもこれからは中国やインド、あるいはＡＳＥＡＮといったアジアの成長率のほうが日本の成長率よりも高いといいます。二〇三〇年には、購買力平価で計ると中国経済は日本の四〜五倍に、インドも日本経済の二〜三倍にまで成長する見こみです。ＡＳＥＡＮ全体の経済も日本経済より大きくなります。それだけ高い成長をする市場なら、雇用も急速に増えることになります。おもしろい仕事もたくさん生まれます。

たしかに外国で仕事をするのはたいへんです。しかし、どんなに暗くても財布を落としたところでしか財布を拾うことはできません。いま、やる気のある日本の若者は、外国に出ていくべきです。日本のローカルルールの下ではなく、最初からグローバルな環境で戦うことを覚えるべきなのです。

そして十年後、あるいは二十年後に、世界を相手に勝てるようになった日本人が、一人でも二人でも戻ってきてくれれば、日本は変わることでしょう。いまほど「少年よ、大志を抱け!!」という言葉が重みをもつ時代はありません。

小中の連携強化

これからの日本を考えるときに、もっとも重視しなければならないものが教育政策です。しかし、いままでなされてきた教育の議論の多くは、データにもとづいた研究をベースにした議論というよりも、みずからの、あるいは自分の子どもの経験から思いついた意見をただ述べあって、狙いもはっきりせず、効果の検証もできないようなものだったのではないでしょうか。きちんとしたデータにもとづいた、効果を測定しながらの政策議論が必要なのではないでしょうか。

ベネッセ教育研究開発センターによる二〇〇六年の学習基本調査・学力実態調査によると、「学校の授業をどのくらい理解しているか」という質問にたいして、「わかっている」と答える小学校の児童は、次ページの表の通りです。

中学校で二〇パーセント近く「わかっている」率が低下しています。さらに、高校でも理解度が低下しています。

新学習指導要領についてたずねた二〇一一年のやはりベネッセ調査をみると、児童間の学力の差が大きくなったと答える教師が四〇パーセントを超え、とくに算数で七一パーセントと大きく

学校の授業を理解しているか

	国語	数学	理科	社会
小学校	71%	74%	77%	64%
中学校	53%	58%	52%	42%
高　校	47%	39%	36%	38%（地理と歴史） 25%（公民）

それぞれの科目が好きか

	国語	数学	理科	社会
小学校	53%	63%	69%	48%
中学校	42%	45%	53%	41%
高　校	45%	42%	42%	43%（地理と歴史） 26%（公民）

なっています。

最近の児童の学力の傾向として、平均点は高くなってきましたが、どうも点数の分散が大きくなっています。

また、どの科目がどのくらい好きかを尋ねると、上の表のようにそれぞれの科目が好きだと答える率が、中学校で大きく低下し、高校では比較的その数字を維持しています。

同じ調査で質問している学習上の悩みのひとつとして「上手な勉強のしかたがわからない」という質問に「はい」と答えている児童・生徒が、小学校の三〇パーセントから中学校では六七パーセントへと急増し、「わかりやすい授業にしてほしいと思うことがあるか」という問いにたいして、「はい」という答えが小学校の三三パーセントから中学校で四九パーセントとやはり大きく増えています。

ゆとり教育からの脱却で、小中学校の学力は改善傾向にありますが、格差が開きつつあることと、中学校に入学した時点で、子どもたちがうまく適応できなくなってしまうことが懸念される数字です。

公立高校が学区制を廃止し、学校間の競争を取り入れた結果、公立高校の学力が改善されつつあり、それにならって義務教育でも学区の廃止が議論されるようになってきました。しかし、高校レベルでの学区の廃止とちがって、小学校の学区は子どもがどこの学校に行くかというだけでなく、学校を核としたPTAや子ども会をはじめとするさまざまな地域団体があり、学区が地域コミュニティを形成する役割を果たしているという事情があります。

そのため、小学校の学区を廃止すると、こうした地域コミュニティの形成がむずかしくなり、地域力の低下が懸念されます。そのために小学校は学区を維持し、高校は学区を廃止して学校間の競争を取り入れるという方向に進むべきだと考えます。

中学校に関しては、公立でも中高一貫教育が取り入れられはじめています。それをすべて否定するつもりはありませんが、学力調査などの結果を見ると、義務教育の九年間を六・三に分ける必然性はなく、むしろ小学校と中学校の連携を強化し、義務教育の九年間で一貫したカリキュラムを作成する必要があります。そう考えると、中学校までは、学区制を維持し、コミュニティのなかで公立学校の教育レベルを高めていくべきだと考えます。国は、義務教育修了時に必要な到達点を定める必要はありますが、この九年間はそれぞれの地域で弾力的に運用できるようにするべきです。

落第させるより習熟度別のプログラムを

新学習指導要領になって、それぞれの科目の教科書が厚くなり、学ばなくてはならない分量も増えています。一九九八年告示の学習指導要領では、小学校の主要四教科の教科書のページ数の合計は三〇九〇ページにすぎなかったのが、二〇〇八年の学習指導要領では、四六四五ページに増えています。授業時間も一九九八年学習指導要領の五三六七時間から二〇〇八年学習指導要領では五六四五時間に増えています。

そのなかで学力格差が早い時期から生まれつつあります。先に述べたように、新学習指導要領に関する二〇一一年の調査をみると、児童間の学力の差が大きくなったと答える教師が四〇パーセントを超え、とくに算数で七一パーセントと大きくなっています。授業についていけない児童が増えたと答える教師も二六パーセント、児童間の学力の差が大きくて授業がしにくいと答えた教師はじつに七六パーセントにのぼります。その結果、教師の七六パーセントが学力が低い児童の学習意欲を保つことがむずかしいと答えています。逆に、学力が高い児童の学習意欲を保つことがむずかしいと答える教師も四三パーセントに達し、児童間の学力格差をこのまま放置することはできない状況になっています。

早い段階の学力格差を固定化させず、わからない子どもをすくいあげ、学力の高い子どもの意欲を高めるために、わかる子どもには先へ、わからない子どもにはわかるように、習熟度に応じたクラス分けを小学校から始める必要があります。

そのときに、教員の数が足りずに、けっきょく、クラス分けは二段階までしかできないということもありえます。習熟度の高い子どもは、ICT（情報通信技術）を利用して、個別にさらに高い段階を学べるようなシステムを提供し、習熟度の低い子どもを細かくクラス分けして教師が教えていくといったことが必要になることでしょう。学校を超えて利用できるICTプログラムの作成が必要です。

義務教育段階では、各学年で落第させるというよりも、習熟度別のプログラムを科目によっては早い段階から取り入れ、義務教育の最終年で、義務教育修了に必要な学力を身につけているかどうかをチェックするべきです。義務教育の最終年での落第は、検討の余地があると考えます。

教育の機会均等のために全寮制学校も必要

義務教育段階の子どもにとっての大きな問題に、子どもの学習環境を支える家庭の状況があげられます。家庭での学習時間や学習態度などが顕著に学力に影響していることを考えると、家庭が問題を抱えていて勉強に集中できない子どもたちを救済するしくみが必要です。素行に問題があるような子どもは、学校の枠を超えて、地域で支えるネットワークをつくらねばなりません。

普通科の高校に入学した生徒のなかで、中学校時代の評点が低い（五点満点で三点以下）グループについては、九〇パーセント以上の高校の教師が義務教育段階の学習内容が定着しておらず、学習意欲も低いと感じています。中学校時代の評点が、五点満点で二・五点以下の生徒の場合、半数以上が経済的な困難を抱えている家庭であったり、親が子どもの学習にたいしてほとんど関心をもたなかったりという状況になっています。

もちろん子どもは家庭のなかで親に育てられていくのがあたりまえのことですが、とくに家庭が崩壊していると言えるような状況の子どもを義務教育期に救うために、全寮制の学校が必要になってきているのではないでしょうか。

どんな子どもにも将来のかぎりない可能性があります。義務教育段階で、その可能性を失わせてはなりません。判断は非常にむずかしいのですが、必要な子どもは公費による全寮制の学校に入学させ、きちんとした食事を与え、生活習慣を身につけさせながら、授業を受け、可能性を伸ばしていく機会を与えるべきです。

また、希望する大学に進学するためには私立高校が有利だったり、予備校や塾に通わなければならなかったりするような状況が続けば、親の経済格差が子どもにも受け継がれていくことになってしまいます。

明治以来、日本では、どんなに貧しい家庭に育っても、能力があれば進学することができるというのが理想だったはずです。経済格差が世代を超えて受け継がれることがないようにするためには、公立学校の教育水準を上げなければなりません。

高校生の平均家庭学習時間

	1990年	1996年	2001年	2006年
偏差値55以上	115分	108分	99分	105分
偏差値50〜54	112分	84分	67分	60分
偏差値45〜49	89分	70分	57分	62分
偏差値45未満	50分	55分	38分	43分

3　変えるべきは大学入試と教育委員会

学力と経営のはざまで

高校の問題も大きなものです。中学校と比べて、高校での授業の理解度は、数学や理科、あるいは公民などで、大きく落ちこんでいます。二〇一〇年の調査では、教師の七九パーセントが義務教育段階の学習内容が定着していない生徒が多いと答えると同時に、八〇パーセントが生徒の学習意欲が低いと感じています。

さらに気になるのは、一九九〇年から二〇〇六年までの四回に及ぶベネッセ教育研究開発センターの調査の結果です。高校生のなかで、著しく平日の平均家庭学習時間が落ちてきているグループがあることがわかります。

大学が全入できるようになり、ＡＯ入試などが広まった結果、一般入試で大学に入学する学生数は五割まで低下し、トップクラスの大学を受験する層より下のグループでは、学習時間が顕著に減るということになってしまいました。当然に大学は、学生の学力の低下に悩むことになります。大学入試のありかたを含め、高校のカリキュラムの見なおしが必須になってきました。

一九八九（平成元）年に一九三万人いた日本人の十八歳人口は、二〇〇九（平成二十一）年には一二一万人まで減少しました。高校を卒業する人数は、一九九二年をピークに毎年三パーセント程度減少し、二〇〇九年には、十八歳人口が二〇〇万人近かった一九六五年とほぼ同じところまで減少しました。

ところが一九八九年に三百六十四校だった私立大学の数は、二〇〇八（平成二十）年には五百八十九校に、二〇一一年には五百九十九校に増えています。私立大学は、そこに入学する年齢の人口が三分の二に減っているときに、なんと、六割以上も増えています。そして国公立大学をあわせると二〇一一年には大学の総数は、七百八十校になりました。その結果、大学卒業生の数は一九八九年の三七万六〇〇〇人から二〇〇九年には五五万九〇〇〇人へと一・五倍に増えています。

十八歳人口が減っているなかで入学生の学力を維持しようとするならば、人口減少に合わせて入学者数を減らさなくてはなりません。しかし学生数を減らせば、大学の経営に影響が出てしまいます。学力と経営のはざまで、大学は経営を選び、入学者数を維持するために、ＡＯ入試をはじめ、入りやすいシステムに変更してきました。その結果、一般入試で大学に入学する学生の割合は五割程度に落ちこんできたのです。

ならば大学入試はこう変えよう

十八歳人口が三分の二に減ったこの二十年間に、文部科学省の私立大学への補助金は、二四八七億円から三二一八億円と七三一億円、約三割増えました。十八歳人口一人当たりの私立大学の補助金額は、一二万九〇〇〇円から二六万六〇〇〇円と二倍以上に増えました。

この数字は早期に元に戻さざるをえないことでしょう。そして、大学の数も適正な数字に戻さなければなりません。

その際、大学進学のための学力検定のありかたを変えるべきだと考えます。

日本では、大学の入試を実施するのはそれぞれの大学です。しかし、大学が個別に学力検定を実施するかぎり、高校のカリキュラムを超えた問題が出題されることでしょう。それぞれの大学の好みで問題が作られ、受験生は受験するそれぞれの大学の入試に合わせた勉強を強いられることになります。そのためには予備校や塾で、大学入試専門の勉強をしなければなりません。さらに、そのための費用もかかり、親の経済格差が大学入試にも影響を及ぼすことになります。

大学教育を受けるのに必要な学力を身につけているかどうかの検定は、高校のカリキュラムに沿った、全国一律の統一試験で允分なはずです。それも年に一回ではなく、数ヵ月に一回、何回でも受けられるようなものであるべきです。

大学の入試にあたっての学力検定を、その統一試験に一本化することで、高校生は、高校のカリキュラムの勉強に専念することができます。高校の授業をきちんと受けてさえいれば、統一された学力検定でそれなりの成績を収めることができるようになります。個別の大学の独特の入試問題を解くために必要なスキルを身につけるための塾に行く必要もなくなります。それぞれの大学は、論文や面接、高校における成績あるいは受験生のそれまでの活動を考慮して合格者を決めればよいのです。

英語は道具なのだから

さまざまな科目のなかで、近年とくにその重要性を増していながら、対応が遅れているものが英語です。日本で大学まで卒業すれば、中学、高校、大学と最低、十年間は英語を勉強しているはずですが、大卒者のなかのかなりの人数の英語が使いものにならない現状を見ると、日本の英語教育は抜本的に改めなければなりません。

英語を話すということは、特別なスキルではありません。自転車に乗る、パソコンを使うなどと同じことです。英語は、自分の考えを異文化の他人に伝え、他人の考えを理解するツールにすぎないのです。

英語を早くから教えるよりも美しい日本語を話せるようにすることが大切だなどと言う政治家もいますが、そういう政治家にかぎって、ほとんど英語ができないのはなぜでしょうか。数学を勉強するよりも、美しい日本語を話すほうが大切だとか、身体を鍛えることよりも、美しい日本語を話すほうが大切だとは誰も言わないのに、なぜ、英語だけ、美しい日本語と比べられるのでしょうか。日本の英語教育をしっかりと見なおし、義務教育を卒業したら英語できちんとコミュニケーションができるようにするべきです。

小泉政権時代、私は、米軍基地のあるすべての自治体に、英語で教える公立の小学校を設立しようという提案をしたことがあります。アメリカ政府や米軍関係者の協力も受けて、アメリカなどから教師を招いて、希望があればその自治体に住む子どもは誰でも、その英語で教える学校で米軍関係者の子どもといっしょに授業を受け、将来、その自治体から多くの子どもたちがハーバード大学やオックスフォード大学に進学するようになるはずでした。米軍基地があるということをデメリットではなく、メリットにしようということから考えた政策でした。

小泉純一郎首相と外務省の全面的なサポートがありながら、文部科学省の官僚の徹底的なサボタージュとそれを抑えなかった文部科学大臣のおかげで、この計画は実現しませんでしたが、いまからでもけっして遅くはありません。英語で教える公立小学校を設立し、やがて中学校、高校へとつなげていくべきです。

真の教育改革のために

教育に関する行政のしくみの抜本的な改革も必要です。

選挙で選ばれた首長に教育については権限を与えないという現在のしくみは、まさに国民を信じない、国民はお客さまであり、まちがいを犯さない官僚機構が舵取りをしてあげますという典型例です。いまの日本の教育が成功しているとはけっして言えないなかで、この失敗したモデルからの早期脱却が必要です。

公立の小中学校をマネジメントするという発想が必要です。校長は学校をマネジメントする権限を与えられるべきであり、その能力を検証されなければなりません。校長は、教諭のキャリアの到達点ではありません。教える能力と学校をマネジメントする能力はまったく別なものであり、学校をマネジメントする能力があれば、教える経験は必ずしも必要ではありません。

公立の小中学校がコミュニティの核であるならば、当然に、地域は学校の運営に協力する必要があり、また、学校は、地域にたいして透明性を確保し、説明責任を負わねばなりません。学校をマネジメントするためには、校長に幅広い裁量権が与えられているべきであり、校長が最終的な権限をもつものは何か、明確化されねばなりません。校長が権限をもつものに関しては、校長の判断が気に入らない親が教育委員会に駆けこんで、それを翻させることなどできないということをはっきりさせるべきだと考えます。

自治体の教育委員会も、教育委員によって実質的に運営されるべきです。そして、地域の住民が選んだ首長はその教育委員の一人になるべきです。教育委員は、地域の名士がなるのではなく、学校教育のありかたに造詣の深い専門家が任命されるべきであり、教育委員のなかで常勤する人間が現在の教育長の権限をもって業務にあたるべきなのです。

教員は、能力と適性を厳格に判断される必要があり、学校のマネジメントのなかできちんと評価がなされなければなりません。教員の最終評価と異動の権限は、都道府県ではなく自治体の教育委員会がもつべきであり、学校数が少ないところは周辺自治体と結び、広域で採用や異動をおこなえばよいのです。

教育に競争をもちこむと同時に、身近で評価がきちんとできるシステムを導入することが公立学校改革につながっていくことになるのです。

むすびに

なぜ政治は機能していないのか

私が政治の先頭に立ったらどんなことをするのか、いまどんなことを考えているのか、みなさんに具体的にご理解いただくために「超日本宣言」としていろいろなことを書いてきました。なにより大切なのは、この国の将来、この地球の将来にたいして責任を果たすことです。

もちろん私自身、その先頭に立つ覚悟はあります。しかし、これは私だけの問題ではありません。この国や社会の将来はみなさんやみなさんの子どもや孫たちの将来ですから、みなさん自身が自分自身のこととして考え、行動していくことが重要です。

経済成長を実現できる政策の実行、安心できる医療や年金のための制度改革、消費者も生産者も安心できる農政への転換、いまこそ改めるべきエネルギー政策、国際社会で先手を打てる外交の指針つくり、将来を任せられる人づくり……。さまざまな政策の根底にあるのは、一部の省庁の高官や政治家ばかりが問題を解決しようとするのではなく、国民一人ひとりが、やらなければならないことから逃げずに、将来の世代に「あの人たちは私たちにすばらしいものを残してくれた」と言われる時代を築くことです。

日本の各地を歩いていて感じるのは、どんな困難にあっても、やがて生まれる次の命のために輝かしい未来を築こうと汗をかき、がんばっている人がたくさんいることです。

私はこの国のリーダーとして、みなさんとともに、汗をかいてがんばる人が報われる国、子どもたちががんばる大人を誇りに思う国を作っていきたいのです。

そのためにやらねばならないことは山積みです。

まずは政治そのものが変わらなければなりません。なぜ、いまの政治は国民の想いを受けとめられないのでしょうか？　なぜ、政治は物事を決めることができないのでしょうか？

たとえば東京電力による一方的な値上げにたいして、東京電力管内の国民の多くは怒っています。ではなぜ、政治はこの国民の関心事に積極的に取り組まないのでしょうか。

日本の政治システム、とくに国会のシステムには欠陥があります。

残念ながら、日本の国会の現状は、会議の結論があらかじめ決まっている予定調和の場になってしまっています。

現行の国会法では、予算措置の要らない法案は衆議院で二〇人の賛同者を集めれば、議員提案で国会に提出できることになっています。

東京電力の無責任な値上げを禁止する法案を提出するなら、二〇人の議員の賛同はすぐに集まるでしょう。

しかし、現実には国会法の規定を満たしても国会に法案を提出することはできません。両院の事務局は、慣例にしたがって、党の承認がない議員立法の提出は受け付けないのです。

議員立法を提出するための政党の承認を得るためには、各党とも党内での審査を経る必要があり、少数でも一部の幹部による強い異論が出れば結論は先送りにされ、法案にたいする党の承認は与えられず、国会への提出は見送られることになります。霞が関や業界の意向に反するような法案提出の動きがあれば、有力な族議員にご注進が入り、表の議論ではなく裏の寝技で止められてしまいます。新しいことを止めるためには、ごく少数の反対で十分なのです。

たとえば東京電力の値上げを阻止する法案は、電力会社の労組出身の民主党議員や派閥の領袖を含む自民党の長老議員の強い反対で、民主党からも自民党からも国会に提出されることはむずかしいでしょう。

自民、民主両党が、党内の反対もあって提出できない法案を、少数政党が集まって国会に提出することもあるかもしれません。それならば、東京電力の値上げも阻止されるでしょうか。残念ながらそうはなりません。

国会の本会議で、議長の「賛成の諸君のご起立を願います」という発声にあわせ、賛成議員が起立するというテレビでもよく見るシーン、あの起立採決がたんなるセレモニーだということを知っている国民が、いったい、どれだけいるでしょうか。

国会に提出された法案については、いまの国会では、すべての法案の採決に、すべての政党が党議拘束をかけ、党所属のすべての国会議員に採決で同じ行動をとらせています。

衆議院でも参議院でも、本会議が開催される前に、必ず、その日の本会議の運営を決める議院運営委員会が開催され、その議院運営委員会のなかで、その日の本会議の議題や発言者などが決められていきます。そして、そこで各党の理事から報告される採決に関するそれぞれの党の投票態度が公式の投票記録として残ります。本会議のなかで、どの議員が採決で起立したか、着席して反対の意思表示をしたか、誰も確認などしていません。

国民が選んだ国会議員が、国会法に定められた手続きに則って法案を提出し、議員一人ひとりの判断で、それぞれの法案の賛否を決めるという民主主義の国会であたりまえのことが、いまの日本の国会では許されていません。だから国民の想いを政治が受けとめられないのです。

問題の多い地方議会

機能していないのは国会だけではありません。残念ながら、地方の議会にも問題があります。先日、大阪市で、第三者調査チーム（代表：野村修也弁護士）がおこなった違法・不適切行為の徹底調査の結果、市議たちがいまだに職員人事などの口利きをやっている実態が明るみに出ました。こうした実態は、大阪だけでなく、程度の差こそあれ、あちこちの自治体で残っているのかもしれません。

地方議会の本来業務は、口利きではなく、条例を作ったり、政策執行を監視したりすることのはずです。ところが、地方議会で成立する条例のほとんどが知事提案や市長提案のものです。そして、条例案を作成している県庁や市役所の職員たちは、県民・市民の声よりも、中央官庁の指導に耳を傾けて仕事をしています。こんなことでは、いくら「地方分権」とかけ声をかけても、ほんとうの分権など進むわけがありません。

なすべきことは、形ばかりの事務を地方に移譲することではなく、本気で住民のために仕事をする意欲のある首長や地方議員たちに決定権限を与えて、責任をもって政策を実行してもらうことです。

そのためには、まず、首長や地方議員たちが思う存分仕事のできる環境を作ってあげる必要があります。現行の地方自治制度では、自治体の組織設計や人事制度など、すべて法律で事細かに定められてしまっています。それぞれの自治体をどう運営していくか、地方の責任者たちに任せるところから、地方分権が始まります。

国と地方のありかたも変えねばなりません。すくなくとも外交や防衛、金融といった国がやるべき以外の業務は、まず、地方が優先されるように国のありかたを変えなければなりません。

これまでの地方財政のように、国が適宜地方に支出するのではなく、まず地方の財源を確保したうえで、地方がみずから優先順位をつけて、財政支出をするようになるべきです。そのためには、地方への交付税・交付金・補助金は、すべて一括して使途を定めずに地方に移譲する必要があり、これまで国が地方にたいして支出してきたすべての金額を合計し、人口要件や面積要件等で一律に計算した金額を自治体に渡すように制度を改めるべきです。

こうすれば、それぞれの地方の優先順位が、国の支出する補助金のおかげでゆがんでしまうこともなくなります。中央の官僚は、これまで国が関与してきたことをすべて自治体に移譲するには地方自治体の能力が足りないといいますが、よけいなお世話です。地方のやることには国は口を出さないと決めれば、出先機関をはじめ、中央官庁から、まだまだ人を削減することができます。

国家公務員の人件費約五兆円を二割削減すると一兆円の予算カットにつながります。もし国家公務員の人件費が二割削減できれば、地方公務員の人件費二一兆円も横並びで二割削減し、地方の支出を四兆円減らすことができるでしょう。最終的には国と地方あわせた均衡財政を実現する必要があるため、地方の公務員人件費の削減の意義は大きいと言えます。

都道府県も廃止し、道州制に移行すべきでしょう。そして、基礎自治体の行政のありかたも、これまでのように首長と議会をもてと国が定めるのではなく、それぞれの自治体がみずからルールを決めて行政をおこなうようにするべきです。

たとえばアメリカでは、シティマネジャーという行政の専門家に自治体の行政を委ねている自治体がたくさんあります。東洋大学のサム田渕教授が、人口約九万人、面積三五平方キロメートルの日本の千葉県四街道市と、シティマネジャー制度をとる人口約一〇万人、面積九六平方キロメートルのジョージア州サンディスプリングス市を比較しています。両市の行政が共通して実施している業務だけを取り出して比較すると、職員の数が四街道市の二四四人にたいして、サンディスプリングス市では一四〇人と、半分近い数字に抑えられています。その同じような業務にかかっている行政コストは、四街道市の一三三億円にたいして、サンディスプリングス市は六八億円にすぎません。

日米の自治体の行政を直接比較するのは少し乱暴な話であるとしても、いまの自治体の行政システムそのものを変えれば、大幅なコスト削減も可能になるはずです。

霞が関のありかたを変えてどうする？

国益より省益という霞が関の体質は政権交代が起きても何も変わりませんでした。

かつて小泉内閣のとき、総理大臣が「郵政民営化」を唱えている最中に、総務省（旧郵政省）の役人が「反郵政民営化」の立場で動き回り、更迭される事件がありました。役人たちが省益優先で動くこと自体は、別に特別なことではありません。むしろ日常茶飯事といってよいでしょう。通常は大臣たちが役人に押し切られてしまうので、〝事件〟にならないのです。

政権交代前は「脱官僚依存」を唱えた民主党も、あっという間に省益役人にからめとられてしまいました。たとえば、昨年秋、国家公務員宿舎の必要性について、衆議院決算行政監視委員会の小委員会（国会版・事業仕分け）で取りあげたことがあります。民間企業の多くがとっくに社宅を売り払っているのに、公務員だけ宿舎が必要なわけがないというのが常識的感覚です。これはじつは、公務員宿舎の管理が財務省理財局の所管で、権益を守りたい財務省の役人が必死で反対している話なのです。ところが、財務省の政務三役たちは、すっかり役人たちに丸めこまれて、役人の説明どおりに公務員宿舎の必要性を訴える始末。こんなことだから、役人の省益優先もまったく改まらないし、まともな政策が進むわけもありません。

公務員制度改革は、こんな霞が関を解体するため、絶対に必要です。公務員制度改革というと、すぐ「給与カット」や「天下り官僚の退職金」などの話になりますが、本質は違います。まともな政府を作りなおすこと、役人が省益ではなく国民のために働くようにすることです。

そんなことは無理だろうと思う人もいるかもしれません。しかし、制度を変えれば可能です。いま役人がなぜ省益を考えるかというと、人事権を各省の事務次官以下が握っているからです。「○○省一家」というコミュニティに貢献し、内輪で評価されれば出世できる制度になっています。一方で、省益よりも国益と考えて、たとえば天下り先法人を廃止・縮小しようとする人は、たちまち「無能」の烙印を押されて冷遇されてしまいます。そんな制度のもとでは、もともと高い志をもっていた人でも処世術を考えるのは当然でしょう。

だから、人事権を各省の役人から取りあげないといけません。「内閣人事局」という構想が以前からあって、名称を耳にされたことがあるかもしれませんが、この構想の意味はそこにあります。いわば政府全体の人事部を作り、人事と省益を切り離して、国のために仕事をしたかどうかを評価基準に抜擢や降格をおこないます。採用も各省庁がおこなうのではなく、内閣での一括採用に変えていくのです。

自公政権時代に作った国家公務員制度改革基本法では、そういう改革プランのスケジュールを定めていました（一括採用は反対があって落とされましたが）。内閣人事局など、ほんとうならとっくにできていたはずです。ところが、野党時代には基本法に賛成し、盛んに公務員制度改革を唱えていた民主党が、政権交代後はすっかり後ろ向きになり、何も進んでいません。もう一度、基本法に沿った改革を進めなければなりません。

もちろん、公務員制度改革だけではだめです。強力な自前の官邸組織を真ん中におかなければなりません。現在のような省庁からの出向者による官邸や内閣官房では主体的に物事は決められず、ともすれば出向者を通じて出向元の役所に情報が流れてしまいます。官邸には、プロパーなスタッフによる統括組織が必要です。マクロ経済の司令塔とさまざまな将来推計を取り仕切る組織も各省庁から独立していなければなりません。

時代によって内閣の取り組むべきテーマは変わります。総理の思いで政策の重要性や組み合わせはさまざまに変わります。それなのに、霞が関の組織は機能的に変えられないようになっています。すべての省庁は設置法で規定され、内閣の課題にかかわらず同じ形で存在しつづけます。まず、改めるべきはこの霞が関のありかたです。すべての省庁設置法を廃止し、行政組織法ひとつにまとめる。政府としての大きな枠だけを規定し、その枠の中は時の総理大臣の考えで自由に再編できるようにすべきなのです。

官庁のための政府、省益のための政治はいりません。国の課題に機動的に対応できる組織を創り出すことが肝心です。

政治のしくみが過去の成功体験に振り回され変われないために、政治が意思決定できず、その結果政治にたいする信頼が失われているいま、従来のしくみを根本から変え、国民と政治家の関係を立て直すことが急務です。私が守りたいのはこの国の未来です。そのために私はこの国のリーダーとして、変えるべきものを変え、守るべきものを守ってこれまでの日本を超える日本を創りたいと思います。

西暦（元号）	日本	世界	河野太郎（河野家）その他
2012（平成24）	04.05　国民新党の亀井静香代表が解任される 04.06　亀井静香、亀井亜紀子が国民新党を離党 04.26　「陸山会」の土地購入疑惑事件で小沢一郎に東京地裁が無罪判決 05.09　小沢一郎を検察官役の指定弁護士が東京高裁へ控訴 06.26　消費税の税率を2014年4月1日から8％、2015年10月から10％にと段階的に引き上げる消費税法改正案が衆議院本会議で賛成多数で可決。民主党衆院議員の72名（反対57名、棄権・欠席15名）と自民党の中川秀直元幹事長（棄権）の計73名が造反 07.09　小沢一郎ら36名の衆院議員が民主党を除籍（除名）処分となる 07.11　小沢一郎ら49名の国会議員が新党「国民の生活が第一」を結成	04.11　金正恩が朝鮮労働党の第一書記に就任 05.06　フランス大統領にオランドが当選 06.17　ギリシャ議会総選挙で緊縮推進派が過半数を制する 07.27　ロンドン五輪開幕	07　太郎の「党の役職停止1年」の処分が解除される 08.20　太郎、講談社から『「超日本」宣言』刊行

西暦（元号）	日本	世界	河野太郎（河野家）その他
2011（平成23）	06.02　菅首相が退陣を示唆、不信任案は否決。直後に首相は早期退陣を否定 06.03　鳩山前首相が菅首相を「ペテン師」と非難 06.20　復興基本法が成立 06.29　海江田万里経産相が九州電力玄海原発2・3号機（玄海町）の運転再開に理解を求めるために佐賀県を訪問 07.01　政府、電力使用制限令を発動 08.17　高橋はるみ北海道知事が、定期検査で調整運転中の泊発電所3号機（北海道泊村）の営業運転再開の容認を正式に表明 08.26　菅首相が辞意表明 08.29　民主党代表に野田佳彦が選出される 09.02　野田内閣成立 10.06　小沢一郎の裁判始まる 11.11　野田首相が「TPP交渉参加」を表明 11.27　大阪で市長と府知事ダブル選挙、市長に橋下徹、知事に松井一郎 12.16　野田首相、原発事故「収束宣言」 12.17　李明博韓国大統領来日	06.13　イタリアで脱原発の国民投票 08.21　リビアで反カダフィ派が首都トリポリ制圧 09.04　イラン初の原子力発電所が稼働開始 09.12　フランス南部マルクールの放射性廃棄物の処理施設で、作業員5人が死傷する爆発事故が発生 09.28　スイスが全原発廃止の方針を決定 10.05　スティーブ・ジョブズ死去 10.11　ウォール街のデモ拡大 10.12　タイで大規模洪水、被害拡大 10.20　カダフィ大佐死亡 10.23　トルコで大地震 12.17　金正日死去	06.22　太郎、民主党提出の国会会期延長動議に、自民党の方針に反して賛成 07.05　太郎、「党の役職停止1年」の処分を受ける 11.05　西岡武夫死去
2012（平成24）	01.04　民主党を前年末に離党した議員9名が「新党きづな」を結成 02.10　復興庁が発足	01.14　台湾総統選挙で馬英九が再選 03.04　ロシア大統領にプーチンが当選	

西暦（元号）	日本	世界	河野太郎（河野家）その他
2010（平成22）	06.04　菅直人が民主党代表に選出される 06.08　菅内閣成立 07.11　第22回参議院選挙で民主党が大敗 07.15　「陸山会」土地取引疑惑問題で、東京第1検察審査会が2007年分の政治資金収支報告書の記載について不起訴不当の決定 09.07　尖閣諸島付近で中国漁船が日本の巡視船に衝突 10.04　小沢一郎の政治資金規正法違反での強制起訴が決定	11.13　ミャンマーの軍事政権がアウン・サン・スー・チーの自宅軟禁を解除 11.23　北朝鮮軍が韓国の延坪島を砲撃	
2011（平成23）	01.31　東京地検特捜部、小沢一郎を強制起訴 03.07　外国人献金問題で前原誠司外相が辞任 03.11　東日本大震災 03.12　福島第1原発1号機で水素爆発 03.14　福島第1原発3号機で水素爆発 03.15　福島第1原発2号機で爆発音、4号機で爆発、火災発生（自然鎮火） 03.31　サルコジ仏大統領来日 04.12　福島原発事故がチェルノブイリ原発事故と同等の「レベル7」に引き上げられる 05.06　菅首相、中部電力に浜岡原発（静岡県御前崎市）の停止を要請 06.01　菅内閣不信任案に小沢、鳩山が賛成を表明	01.04　チュニジアで政権崩壊、ベンアリ大統領が国外脱出 02.11　エジプトのムバラク大統領が辞任 03.19　米英を中心とする多国籍軍がリビアへの攻撃開始 05.01　米政府、オサマ・ビンラディンの死亡を発表	

西暦（元号）	日本	世界	河野太郎（河野家）その他
2010（平成22）	01.13　小沢一郎民主党幹事長の資金管理団体「陸山会」の土地購入疑惑で東京地検特捜部が関係各所を強制捜査（政治資金規正法違反の疑い） 01.15　「陸山会」の経理担当秘書だった民主党の石川知裕代議士が東京地検特捜部に逮捕される 01.15　新テロ特措法が失効、インド洋の海上自衛隊に撤収命令 02.04　「陸山会」の土地購入疑惑で小沢一郎の元秘書3名を東京地検特捜部が起訴、小沢本人は不起訴に 03.26　子ども手当法成立 04.10　「たちあがれ日本」結成（代表に平沼赳夫） 04.19　橋下大阪府知事が地域政党「大阪維新の会」を旗揚げ 04.23　「新党改革」結成（代表に舛添要一） 04.27　「陸山会」疑惑問題で東京第5検察審査会は2005、2006年分の政治資金収支報告書の記載について小沢幹事長に起訴相当の決定 05.21　東京地検特捜部は小沢幹事長を2度目の不起訴とする。検察審査会が再審査へ 05.28　普天間問題で閣議了解に署名を拒否した福島瑞穂消費者相（社民党党首）が罷免される 05.30　社民党が連立離脱を決定 06.02　鳩山首相が退陣表明	01.12　ハイチで大地震 02.27　チリで巨大地震 04.08　米ロが新核軍縮条約（新START）に調印	04.06　太郎、自民党幹事長代理に就任

西暦（元号）	日本	世界	河野太郎（河野家）その他
2008（平成20）	01.16　新テロ特措法施行 01.27　橋下徹が大阪府知事に当選 03.19　日銀総裁人事をめぐって国会が紛糾、総裁が空席となる 04.09　白川方明が日銀総裁に就任 09.01　福田首相が退陣を表明 09.24　麻生太郎内閣成立	03.02　ロシア大統領にメドヴェージェフが当選 08.08　北京五輪開幕 09.15　リーマン・ショック 11.04　米大統領に民主党のオバマが当選	09.17　父・洋平、次回総選挙に不出馬、政界引退を表明 09.25　小泉純一郎が次回総選挙に不出馬、政界引退を表明 09.29　太郎、衆議院外務委員長就任
2009（平成21）	03.03　小沢民主党代表の公設秘書が西松建設からの違法献金問題で逮捕 05.11　小沢民主党代表が辞任を表明 05.16　民主党代表に鳩山由紀夫が選出される。幹事長に岡田克也 07.19　鳩山民主党代表が米軍普天間基地移設問題で「最低でも県外」と発言 08.08　自民党を離党した渡辺喜美らが「みんなの党」結成 08.30　第45回総選挙、民主党が圧勝し政権交代へ 09.01　消費者庁発足 09.16　民主・社民・国民新党連立の鳩山由紀夫内閣成立、民主党幹事長に小沢一郎が返り咲き 09.28　自民党総裁に谷垣禎一が選出される 11.11　「事業仕分け」が始まる 11.13　日米首脳会談で鳩山首相がオバマ大統領に普天間問題で「トラスト・ミー」と発言	01.20　オバマが米大統領に就任 10.09　オバマ米大統領がノーベル平和賞受賞 11.19　EU初代大統領にファンロンパイ（ベルギー首相）を選出 12.07　第15回国連気候変動枠組み条約締約国会議（COP15）開幕	07.21　父・洋平、衆議院議長を退任 08.30　太郎、第45回総選挙にて神奈川第15区で５回目の当選 09.28　太郎、自民党総裁選挙で次点 11.11　太郎、「新世代保守を確立する会」を設立

西暦（元号）	日本	世界	河野太郎（河野家）その他
2005（平成17）	10.26　普天間飛行場の移設問題で日米両国が、名護市辺野古崎にある米軍キャンプ・シュワブ兵舎地区に一部を海上に突き出す形で建設することで合意 10.26　改正政治資金規正法成立 10.26　改正テロ対策特別措置法が成立、自衛隊の後方支援を1年間延長	11.22　メルケルがドイツ首相に就任	11.02　太郎、法務副大臣に就任
2006（平成18）	03.02　永田寿康民主党代議士の「ニセメール」問題の責任を取って野田佳彦民主党国対委員長が辞任（後任は渡部恒三） 03.31　前原民主党代表が辞意表明（永田代議士も辞職願提出） 04.07　小沢一郎が民主党代表に選出される 09.26　安倍晋三内閣成立	07.05　北朝鮮がテポドン2号などの弾道ミサイル7発を連続発射 12.30　サダム・フセイン処刑	07.01　橋本龍太郎死去 09.26　太郎、法務副大臣退任 12.19　河野グループが解散し、麻生派（為公会）が旗揚げ
2007（平成19）	01.09　防衛庁が防衛省に移行する 05.14　国民投票法が成立 07.29　第21回参議院選挙。自民党惨敗。民主党が参議院第1党に躍進 09.12　安倍首相が退陣を表明 09.26　福田康夫内閣成立 11.02　福田・小沢の党首会談で「大連立」構想、民主党役員会の反対で挫折 11.04　小沢民主党代表が辞意表明（11.07に撤回）	04.23　エリツィン死去 05.06　サルコジがフランス大統領に当選 12.19　李明博が韓国大統領に当選	04.22　太郎、自民党神奈川県連会長を辞任 06.28　宮沢喜一死去

西暦 (元号)	日本	世界	河野太郎(河野家) その他
2004 (平成16)	01.19　自衛隊のイラク派遣開始 03.24　中国人活動家が尖閣諸島に上陸、沖縄県警が逮捕 04.07　イラク日本人人質事件発生 05.08　年金未納問題で福田康夫官房長官が辞任 05.10　菅民主党代表が年金未納問題で辞意表明 05.18　民主党代表に岡田克也が就任 05.22　小泉再訪朝、平壌で2回目の日朝首脳会談、拉致被害者の家族5人が帰国 07.11　第20回参院選、民主党が改選比較第1党となる 08.13　沖縄県宜野湾市の沖縄国際大学のキャンパスに米軍普天間基地のヘリコプターが墜落	03.14　ロシア大統領選挙でプーチンが再選 03.20　台湾総統選挙で陳水扁が再選 08.13　アテネ五輪開幕 09.19　胡錦濤が中央軍事委員会主席に就任し、党・政府・軍の全権を掌握 11.02　米大統領選挙でブッシュが再選 11.11　アラファトPLO議長死去 12.26　スマトラ島沖地震発生	05.26　消費者基本法が成立(太郎が議員立法で法案提出) 06.18　特定船舶入港禁止法が成立(太郎が議員立法で法案提出) 07.19　鈴木善幸死去 10　太郎、第9代自民党神奈川県連会長に就任
2005 (平成17)	04.01　個人情報保護法全面施行 08.08　郵政民営化法案が自民党反対派の造反により参議院で否決、小泉首相は衆議院を解散 08.17　郵政民営化に反対する綿貫民輔・亀井静香らが国民新党を結成 08.21　新党日本結成(代表・田中康夫長野県知事) 09.11　第44回総選挙、自民圧勝、岡田民主党代表が辞意表明 09.17　民主党代表に前原誠司が選出される 10.01　道路4公団民営化 10.14　郵政民営化法案が可決・成立	01.17　趙紫陽死去 02.16　京都議定書発効 04.02　ローマ法王ヨハネ・パウロ2世死去 04.09　北京で大反日デモ	08　太郎、議員立法で臓器移植法改正案を提出(2009.07成立) 09.11　太郎、第44回総選挙にて神奈川第15区で4回目の当選

西暦(元号)	日本	世界	河野太郎(河野家)その他
2001(平成13)	04.26　小泉内閣成立 07.29　第19回参院選、自民党が9年振りに改選過半数獲得 08.13　小泉首相が靖国神社を参拝 11.02　テロ特措法公布、施行 11.09　海上自衛隊をインド洋に派遣	09.11　アメリカ同時多発テロ 10.07　米軍によるアフガニスタン侵攻開始	
2002(平成14)	01.29　田中真紀子外相が更迭される 04.01　ゆとり教育がスタート(学習指導要領を見直し、公立小中学校が完全週5日制に) 05.08　中国瀋陽で北朝鮮亡命者による日本総領事館駆け込み事件発生 08.29　東京電力が原発の損傷を隠蔽していたことを認める 09.17　小泉首相訪朝、北朝鮮の金正日総書記が、拉致問題の存在を公式に認める 10.15　北朝鮮に拉致された日本人5人が帰国 12.10　民主党代表に菅直人が選出される	01.29　ブッシュ大統領の「悪の枢軸」発言 12.19　盧武鉉が韓国大統領に当選	01.08　太郎、総務大臣政務官に就任(10.04退任) 04.16　太郎、生体肝移植のドナーになって父・洋平に肝臓を移植する
2003(平成15)	06.06　有事関連3法が成立 06.06　盧武鉉韓国大統領が来日 07.26　イラク特措法が成立 09.26　民主党と自由党が合併 11.09　第43回総選挙 11.30　イラク日本人外交官射殺事件 12.09　自衛隊のイラク派遣が決定	01.10　北朝鮮が核拡散防止条約(NPT)から脱退 03.15　胡錦濤が中国国家主席に就任 03.20　米英軍、イラク攻撃を開始 12.14　米軍がサダム・フセイン元大統領を拘束	11.09　太郎、第43回総選挙にて神奈川第15区で3回目の当選 11.19　父・洋平、衆議院議長に就任

西暦（元号）	日本	世界	河野太郎（河野家）その他
1999（平成11）	08.09 国旗国歌法成立 08.12 通信傍受法など組織犯罪対策3法が成立 08.12 改正住民基本台帳法が成立 09.25 鳩山由紀夫が民主党代表に選出される 09.30 東海村の核燃料施設JCOで日本初の臨界事故 10.05 小渕内閣改造、公明党を加え自自公3党連立	12.21 マカオがポルトガルから中国に返還される 12.31 ロシアのエリツィン大統領が辞任、代行にプーチン首相を指名 12.31 パナマ運河がアメリカからパナマに返還される	10.05 父・洋平、小渕第2次改造内閣の外相として入閣（〜2000.04.05）
2000（平成12）	04.01 自由党連立離脱 04.01 地方分権一括法、民事再生法が施行される。介護保険制度が発足 04.02 小渕首相倒れる 04.03 自由党分裂、保守党結成（党首に扇千景） 04.05 自公保連立で森喜朗内閣成立 05.15 森首相「神の国発言」 06.25 第42回総選挙 07.01 金融庁発足 07.21 沖縄サミット開幕 08.11 日銀がゼロ金利政策を解除 11.21 森内閣不信任案採決に加藤派・山崎派の38人が欠席（加藤の乱）	03.26 プーチンがロシア大統領に当選 05.20 台湾総統に陳水扁が就任 06.13 金大中韓国大統領が訪朝。金正日総書記と首脳会談 09.15 シドニー五輪開幕 10.06 ユーゴスラビアのミロシェビッチ政権が崩壊 10.13 金大中韓国大統領がノーベル平和賞受賞 10.27 台湾、原発の建設中止を決定 11.07 米大統領選で開票をめぐって紛糾 11.19 ペルーのフジモリ政権が崩壊 12.13 米大統領選で民主党候補のゴアが敗北宣言、共和党のブッシュ（子）の当選が確定する	04.05 父・洋平、森内閣の外相に就任（〜2001.04.26） 05.14 小渕恵三死去 06.19 竹下登死去 06.25 太郎、第42回総選挙にて神奈川第15区で2回目の当選
2001（平成13）	01.06 中央省庁再編（1府22省庁が1府12省庁に） 02.10 えひめ丸事件 03.10 森首相が自民党5役に総裁選の前倒しを提案、事実上の辞意表明 04.24 自民党総裁に小泉純一郎が当選	01.01 ギリシャがユーロを導入 01.20 ブッシュ（子）が米大統領に就任	

西暦（元号）	日本	世界	河野太郎（河野家）その他
1997（平成9）	04.01　消費税率が3%から5%に上がる 04.22　ペルー日本大使公邸にペルー軍特殊部隊が突入、人質解放 10.16　臓器移植法施行 11.17　北海道拓殖銀行が破綻 11.22　山一証券が破綻 12.07　介護保険法公布 12.27　新進党解党正式決定	02.19　鄧小平死去 07.01　香港が中国に返還される 07.02　タイバーツが変動相場制に移行、アジア通貨危機が始まる 10.08　金正日が朝鮮労働党総書記に就任 12.01　地球温暖化防止京都会議で京都議定書採択 12.19　金大中が韓国大統領に当選	
1998（平成10）	02.07　長野五輪開幕 04.01　日本版金融ビッグバンがスタート 04.27　野党4党が合流して新・民主党結成（菅直人が代表に） 06.22　金融監督庁が発足 07.12　第18回参院選、自民惨敗（橋本退陣へ） 07.30　小渕恵三内閣成立 10.08　金大中韓国大統領が来日 10.20　さきがけ解党 11.25　江沢民中国国家主席が来日 12.01　NPO法施行	05.21　インドネシアのスハルト大統領が辞任 08.17　ロシア財政危機が始まる 08.31　北朝鮮がテポドン発射 10.27　ドイツに社会民主党のシュレーダー政権発足	12.19　自民党宮沢派が加藤派に移行
1999（平成11）	01.14　小渕内閣改造、小沢一郎の自由党と連立 03.03　日本銀行、ゼロ金利政策に踏み切る 04.11　東京都知事に石原慎太郎が当選 05.24　周辺事態法・防衛指針法（日米新ガイドライン法）が成立 06.23　男女共同参画社会基本法が成立 07.08　中央省庁等改革関連法、地方分権一括法が成立	01.01　EU単一通貨「ユーロ」が独仏など11ヵ国で導入される 01.07　米上院、モニカ・ルインスキー事件でクリントン大統領に対する弾劾裁判を開始	01.18　父・洋平、加藤派と袂をわかち河野グループ（大勇会）を結成

西暦（元号）	日本	世界	河野太郎（河野家）その他
1995（平成7）	03.20　地下鉄サリン事件発生 05.16　麻原彰晃こと松本智津夫逮捕 07.23　第17回参議院選挙で与党敗北、連立3党首会談で村山首相続投を決める 08.15　戦後50年の首相談話（村山談話）を発表 09.04　沖縄で米兵による少女暴行事件 12.08　高速増殖原型炉「もんじゅ」のナトリウム漏洩事故 12.27　小沢一郎が新進党の新党首に選出される	05.07　フランス大統領にシラクが当選 08.05　ベトナムと米国が国交正常化 09.05　フランスが南太平洋で核実験を強行する	07.05　福田赳夫死去 09.15　渡辺美智雄死去 09.22　父・洋平が総裁選出馬を断念に追いこまれ、橋本龍太郎が自民党総裁に選出される
1996（平成8）	01.05　村山首相が退陣表明 01.11　橋本龍太郎内閣成立 01.16　日本社会党が社会民主党に党名変更 02.16　菅直人厚相、薬害エイズ事件で血友病患者に直接謝罪 02.23　日米首脳会談で橋本首相がクリントン大統領に沖縄普天間飛行場の返還を要求（4月に全面返還で日米政府が合意） 03.04　住専問題で国会が空転 09.28　民主党結党（菅直人・鳩山由紀夫の共同代表）、土井たか子が社民党党首就任 10.20　第41回総選挙（小選挙区比例代表並立制による初の選挙） 11.07　第2次橋本内閣成立、社民とさきがけは閣外協力に転ずる 12.17　ペルー日本大使公邸人質事件発生	03.23　李登輝が台湾総統に当選 07.20　アトランタ五輪開幕 07.24　ウクライナのフメリニツキ原子力発電所で、放射能漏れ事故 09.10　国連総会で包括的核実験禁止条約（CTBT）が採択される 11.05　米大統領選でクリントンが再選	03.28　金丸信死去 10.20　太郎、第41回総選挙にて神奈川第15区で初当選

西暦（元号）	日本	世界	河野太郎（河野家）その他
1994（平成6）	01.29　政治改革関連4法案成立 02.03　細川首相、「国民福祉税」構想を発表（02.08　白紙撤回） 04.08　細川首相が辞意表明 04.25　衆参両院本会議で、羽田孜新生党党首が首相に指名される 04.26　社会党が連立政権を離脱 04.28　羽田内閣発足 06.25　羽田首相、記者会見で総辞職を表明 06.27　松本サリン事件 06.30　自民、社会、さきがけ連立の村山富市内閣発足 07.20　村山首相、衆院本会議の各党代表質問に対する答弁で、「自衛隊は合憲」「日米安保堅持」「日の丸・君が代を尊重」との認識を公式に示す 07.21　村山首相、参院本会議で社会党の党是たる「非武装中立」政策は「役割を終えた」と答弁 09.22　政府・与党が税制改革大綱を決定（消費税の97年4月からの5％への引き上げなどを盛りこむ） 11.09　税制改革法案成立 12.10　野党9党派が「新進党」を結党する（党首は海部俊樹）	04.06　ルワンダで集団虐殺が始まる 04.10　ボスニア紛争でNATO軍がセルビア人勢力を空爆 04.27　南アフリカ大統領にマンデラが就任 05.20　イタリア首相にベルルスコーニが就任 07.08　金日成死去 10.21　米朝枠組み合意	01.29　父・洋平、自民党総裁として細川首相と暁のトップ会談、小選挙区300・比例代表（地域ブロック）200の小選挙区比例代表並立制で合意 06.30　父・洋平、村山内閣の副総理兼外相に就任（～1996.01.11、副総理は～1995.10.02）
1995（平成7）	01.17　阪神大震災発生 03.08　東京外国為替市場で円が初めて1ドル＝88円台を記録、以後急激に円高進行	01.01　世界貿易機関（WTO）発足	

西暦 (元号)	日本	世界	河野太郎(河野家) その他
1993 (平成5)	04.02 自民党、単純小選挙区制の導入を柱とする政治改革関連4法案を衆議院に提出 04.08 カンボジアの国連ボランティア・中田厚仁が射殺される 05.04 カンボジアPKOの文民警察官高田晴行警部補が銃撃されて死亡 05.28 野党が「小選挙区比例代表連用制を軸に、与野党の合意形成可能な改革案を作成」との見解をまとめたことを受け、宮沢首相が梶山静六自民党幹事長に妥協案作成を指示 06〜 政治改革、選挙制度改革をめぐり与野党間、自民党内が紛糾 06.09 皇太子殿下が小和田雅子さんとご結婚 06.18 宮沢内閣不信任案可決、衆議院解散へ 06.21 自民党を離党した武村正義らが「新党さきがけ」結成 06.23 「新生党」結成(党首は羽田孜) 06.27 東京都議選で日本新党躍進 07.07 東京サミット開幕 07.18 第40回総選挙。自民党過半数割れ、社会党惨敗。3新党が躍進 07.22 宮沢首相が退陣を表明 08.09 細川護煕内閣成立(8会派連立) 09.25 村山富市が社会党委員長に当選 10.11 エリツィンロシア連邦大統領が来日	03.27 江沢民が中国国家主席に就任 11.01 マーストリヒト条約が発効、ヨーロッパ連合(EU)が発足	07.30 父・洋平、渡辺美智雄を破って自民党総裁となる(〜1995.09.30) 08.04 父・洋平、内閣官房長官として従軍慰安婦問題に関する「河野談話」を発表 12.16 田中角栄死去

西暦（元号）	日本	世界	河野太郎（河野家）その他
1991（平成3）	01.24　多国籍軍に90億ドルの追加支援決定 04.08　小沢一郎自民党幹事長が都知事選敗北で引責辞任 04.16　ゴルバチョフソ連大統領が来日 04.26　海上自衛隊掃海部隊がペルシャ湾に派遣される 10.03　海部首相、退陣を表明 11.05　宮沢喜一内閣成立	01.17　湾岸戦争勃発 02.27　多国籍軍がクウェートを解放 07.01　ワルシャワ条約機構解体 07.31　米ソ、第1次戦略兵器削減条約（START Ⅰ）に合意 08.19　ソ連でクーデタ発生、保守派がゴルバチョフ大統領を軟禁 10.14　ミャンマーのアウン・サン・スー・チーがノーベル平和賞受賞 12.25　ソ連解体、ゴルバチョフ大統領辞任	02　太郎、富士ゼロックスアジアパシフィック設立と同時にシンガポール赴任 05.15　安倍晋太郎死去
1992（平成4）	05.22　細川護熙、日本新党を結成 06.15　PKO協力法成立 07.26　第16回参院選挙、日本新党4議席獲得 08.27　東京佐川急便からの5億円献金受領の責任を取り、金丸信自民党副総裁が辞任 09.25　PKO参加の自衛隊がカンボジア入り 10.14　金丸信、議員辞職（経世会会長も辞任） 10.23　天皇訪中 12.18　自民党竹下派が分裂、小沢グループが羽田派を結成	02.07　マーストリヒト条約調印 04.27　旧ユーゴスラビア解体 07.25　バルセロナ五輪開幕 11.03　米大統領選で民主党のクリントンが現職のブッシュ（父）を破る 12.19　金泳三が韓国大統領に当選	12.12　父・洋平、宮沢改造内閣の内閣官房長官に就任（〜1993.08.09）
1993（平成5）	03.06　金丸信、脱税容疑で逮捕	01.01　ヨーロッパ単一市場が始動 01.01　チェコスロバキアが連邦を解消、チェコとスロバキアに分かれる 01.03　米ソ、第2次戦略兵器削減条約（START Ⅱ）に合意 01.20　クリントンが米大統領に就任	01　太郎、日本端子株式会社入社

西暦 (元号)	日本	世界	河野太郎(河野家) その他
1988 (昭和63)	12.24　消費税の導入を柱とした税制改革6法案が成立		
1989 (平成元)	01.07　昭和天皇崩御。新元号を平成と決定 02〜　リクルート事件。逮捕者続出 02.24　大喪の礼 04.01　消費税実施 04.25　竹下首相、退陣表明 06.03　宇野宗佑内閣発足 06.06　『サンデー毎日』が宇野首相の「女性問題」をスクープ 07.23　第15回参議院選挙。自民党大敗。参院で与野党逆転 07.24　宇野首相が退陣表明 08.10　海部俊樹内閣発足、自民党幹事長に小沢一郎 12.29　東京証券取引所の大納会で日経平均株価が史上最高値の3万8915円87銭を記録	02.15　ソ連がアフガニスタンからの撤退を完了 04.15　胡耀邦前中国共産党総書記が死去 05.21　趙紫陽中国共産党総書記が失脚 06.04　第2次天安門事件 06.24　江沢民が中国共産党総書記に就任 11.19　ベルリンの壁崩壊 11.24　チェコスロバキアで共産党政権が崩壊(ビロード革命) 12.02　マルタで米ソ首脳会談、冷戦終結宣言 12.20　米軍、パナマ侵攻 12.25　ルーマニアのチャウシェスク大統領夫妻が軍事裁判によって銃殺される	
1990 (平成2)	02.18　第39回総選挙。自民党安定多数維持 08.30　多国籍軍へ10億ドル拠出 10.16　自衛隊の海外派遣が盛りこまれた国連平和協力法案(PKO法案)を国会に提出 11.08　同法案の廃案が確定 11.12　即位の礼 11.22　大嘗祭	02.11　南アフリカのネルソン・マンデラが、刑務所から27年ぶりに釈放される 02.15　ラトビアがソ連からの独立を宣言 03.11　リトアニアがソ連からの独立を宣言 03.15　ゴルバチョフがソ連の初代大統領に就任 03.30　エストニアがソ連からの独立を宣言 07.28　アルベルト・フジモリがペルー大統領に就任 08.02　イラク軍、クウェートに侵攻 10.03　東西ドイツが統一	

西暦(元号)	日本	世界	河野太郎(河野家)その他
1985(昭和60)	08.15　中曾根首相が靖国神社に戦後の首相として初めて公式参拝 09.22　プラザ合意 10.11　政府が1987年4月1日付での国鉄分割・民営化を正式に決定		12　太郎、ジョージタウン大学卒業 12.28　父・洋平、第2次中曾根内閣の科学技術庁長官として入閣(～1986.07.22)
1986(昭和61)	04.01　男女雇用機会均等法施行 07.06　衆参ダブル選挙(第38回／第14回)、自民党が衆院で300議席 11.28　国鉄分割・民営化関連8法が成立	02.25　フィリピンのマルコス大統領が国外に脱出、アキノが大統領に 04.07　ゴルバチョフソ連共産党書記長、「ペレストロイカ」を提唱 04.26　ソ連のチェルノブイリ原発で大規模事故が発生	02　太郎、富士ゼロックス株式会社入社 08.15　新自由クラブ解党
1987(昭和62)	04.01　国鉄がJR7社に分割民営化 07.04　自民党竹下派(経世会)が旗揚げ 09.22　昭和天皇、開腹手術 10.20　中曾根自民党総裁が竹下登幹事長を後継に指名 10.31　竹下が自民党総裁に選出される 11.06　竹下内閣発足 11.18　日本航空が完全民営化	11.29　金賢姫らによる大韓航空機爆破事件 12.08　米ソがINF全廃条約に調印 12.16　盧泰愚が韓国大統領に当選	08.07　岸信介死去
1988(昭和63)	06.14　自民党税調が税率3％の消費税を導入する税制改革大綱を決定 06.18　リクルートコスモスの未公開株譲渡問題にまつわる疑惑が表面化 07.23　なだしお事件 09.19　昭和天皇の容体が急変 12.09　宮沢喜一蔵相がリクルートコスモス株問題で辞任	08.20　イラン・イラク戦争停戦 09.17　ソウル五輪開幕 11.08　米大統領選で共和党のブッシュ(父)が当選	

西暦(元号)	日本	世界	河野太郎(河野家)その他
1983(昭和58)	01.19　訪米中の中曾根首相が「不沈空母」発言 02.01　老人保健法施行 02.09　田中角栄に対する全野党からの「議員辞職勧告決議案」 03.14　第2次臨時行政調査会の最終答申 05.08　第13回参議院選挙 10.12　ロッキード事件一審で田中角栄に有罪判決 11.09　レーガン米大統領来日 12.18　第37回総選挙	09.01　大韓航空機撃墜事件 10.09　ラングーン事件	太郎、カリフォルニア州選出クランストン上院議員(民主党)の大統領選対である「Cranston for'84」にボランティアとして参加 12.27　新自由クラブ、第2次中曾根内閣で自民党と連立
1984(昭和59)	01.17　自民党科学技術部会が原子力船むつの廃船方針を決定 07.01　総務庁発足(初代長官に後藤田正晴) 08.10　専売改革関連法成立 08.21　臨時教育審議会設置 09.06　全斗煥韓国大統領来日 12.20　電電公社民営化法成立	02.09　アンドロポフソ連共産党書記長死去、後任にチェルネンコ 07.28　ロサンゼルス五輪開幕 10.31　インディラ・ガンジー印首相暗殺 11.06　米大統領選挙、レーガン再選 12.19　英中が香港返還で合意	太郎、アラバマ州選出シェルビー下院議員(民主党)議会事務所でアシスタントをつとめる(シェルビー氏は現在、共和党の上院議員) 06　父・洋平、新自由クラブ代表に復帰 08　太郎、ポーランド中央計画統計大学(ワルシャワ市)へ留学
1985(昭和60)	02.07　創政会発足 02.27　田中角栄が脳梗塞で倒れる 03.17　つくば科学万博開幕 04.01　専売公社が日本たばこ産業株式会社(JT)に、電電公社が日本電信電話株式会社(NTT)に民営化される 05.17　男女雇用機会均等法成立	03.10　チェルネンコソ連共産党書記長死去、後任にゴルバチョフ	

西暦（元号）	日本	世界	河野太郎（河野家）その他
1979（昭和54）	10.07　第35回総選挙、自民党敗北、自民党内の抗争激化（40日抗争） 11.06　首班指名で自民党から大平、福田の2人が立候補、決選投票で大平が首相に指名される 第2次石油ショック	10.26　朴正煕韓国大統領が暗殺される 11.04　駐イラン米大使館人質事件 12.12　韓国で粛軍クーデタ、全斗煥・盧泰愚将軍らが権力を掌握 12.24　ソ連がアフガニスタンに侵攻	
1980（昭和55）	05.16　大平内閣不信任案が可決される 05.19　衆議院解散（ハプニング解散） 06.22　史上初の衆参ダブル選挙（第36回／第12回）、自民党圧勝 07.17　鈴木善幸内閣成立	05.18　韓国光州事件 07.19　モスクワ五輪開幕 09.17　韓国で金大中に死刑判決 09.17　ポーランドで自主管理労組「連帯」が結成 09.22　イラン・イラク戦争勃発 11.04　米大統領選で共和党のレーガンが現職のカーターを破る	02.29　父・洋平、新自由クラブ代表を辞任（後任は田川誠一） 06.12　大平正芳急死
1981（昭和56）	03.16　第2次臨時行政調査会（土光臨調）発足 04.18　日本原電敦賀発電所で放射能漏れ事故の事実が発覚 05.18　日米同盟の解釈問題で伊東正義外相が辞任	01.20　レーガンが米大統領に就任 02.25　全斗煥が韓国大統領に当選 03.30　レーガン米大統領狙撃事件 05.10　フランス大統領にミッテランが当選 12.13　ポーランドに戒厳令施行	03　太郎、慶応義塾高校卒業 04　太郎、慶応義塾大学経済学部入学
1982（昭和57）	08.18　参議院全国区が廃止され、拘束名簿式比例代表制が導入される 10.12　鈴木首相退陣を表明 11.24　自民党総裁予備選で中曾根康弘が圧勝 11.27　中曾根内閣成立	03.02　韓国政府、金大中らに恩赦 04.02　フォークランド紛争勃発 10.01　シュミット西ドイツ首相が退陣、コールが新首相に就任 11.01　ブレジネフソ連共産党書記長死去、後任はアンドロポフ	09　太郎、ジョージタウン大学入学（比較政治学専攻）

西暦（元号）	日本	世界	河野太郎（河野家）その他
1976（昭和51）	07.27　田中角栄前首相逮捕 11.05　防衛費GNP 1％枠閣議決定 12.05　第34回総選挙、自民党敗北 12.17　三木首相退陣表明 12.24　福田赳夫内閣成立	07.02　南北ベトナム統一宣言 07.17　モントリオール五輪開幕 09.09　毛沢東死去 10.12　中国で江青ら「四人組」の逮捕が発表される 11.02　米大統領選で民主党のカーターが現職のフォードを破る	06.25　父・洋平ら、自民党を離党して新自由クラブを結成
1977（昭和52）	07.10　第11回参議院選挙 09.28　ダッカ日航機ハイジャック事件、日本政府は「超法規措置」として獄中の日本赤軍メンバーを釈放	01.20　カーターが米大統領に就任 07.22　鄧小平が副主席として復活 11.29　エジプトのサダト大統領がイスラエル訪問	
1978（昭和53）	05.21　新東京国際空港（成田空港）開港 08.12　日中平和友好条約調印 11.26　自民党総裁予備選で大平正芳幹事長が圧勝、福田総裁は本選挙不出馬を表明 12.07　大平内閣成立	05.09　誘拐されていたイタリアのモロ前首相が遺体で発見される 09.05　キャンプ・デービッド合意 10.16　ローマ法王にヨハネ・パウロ２世	03　太郎、慶応義塾中等部卒業
1979（昭和54）	01.04　グラマン疑惑発覚 01.04　大平首相、一般消費税導入を示唆 06.28　東京サミット開幕	01.01　米中国交正式樹立。米、台湾と断交 01.16　イラン革命、パーレビ国王が国外に脱出 02.01　ホメイニ師、亡命先のパリからイランに帰国 02.17　中越戦争勃発 03.26　エジプトとイスラエルがワシントンで和平条約に調印 03.28　米スリーマイル島原発で放射線漏れ事故 04.01　ホメイニ師、イラン・イスラム共和国の成立を宣言 05.04　サッチャーが英国首相に就任	07.16　新自由クラブに路線をめぐる対立、幹事長の西岡武夫が離党

西暦(元号)	日本	世界	河野太郎(河野家)その他
1973(昭和48)	02.14　変動為替相場制に移行 07.17　青嵐会結成 07.25　資源エネルギー庁設置 08.08　金大中拉致事件 10.16　石油ショック 12.22　政府、石油緊急事態を宣言	01.15　ニクソン米大統領、北爆停止を命令 01.27　パリ和平協定調印 03.29　ベトナムから米軍が完全に撤退 09.11　チリでピノチェト将軍によるクーデタ発生、アジェンデ政権崩壊 10.06　第4次中東戦争(10月戦争)勃発 10.16　OPEC加盟国のうちペルシア湾岸の6産油国が原油価格の大幅引き上げを発表	
1974(昭和49)	07.07　第10回参議院選挙 08.30　三菱重工爆破事件 09.01　原子力船「むつ」が放射線漏れ事故 11.18　フォード米大統領来日 11.26　金脈問題で田中首相退陣表明 12.01　「椎名裁定」により三木武夫総裁誕生 12.09　三木内閣成立	08.08　ウォーターゲート事件でニクソン米大統領が辞任 08.15　朴正熙韓国大統領が狙撃される(文世光事件) 09.13　日本赤軍が、オランダ、ハーグのフランス大使館を占拠	
1975(昭和50)	05.07　英女王エリザベス2世来日 07.04　改正政治資金規正法が成立 07.19　沖縄海洋博開幕 08.15　三木首相が終戦記念日に靖国神社参拝 09.30　昭和天皇、訪米に出発 11.26　スト権スト	02.11　英国保守党の党首にサッチャーが就任 04.06　蔣介石死去 04.30　サイゴン陥落、ベトナム戦争が終結	03　太郎、平塚市立花水小学校卒業 06.03　佐藤栄作死去
1976(昭和51)	02.04　米上院でロッキード社の各国政府関係者への贈賄工作が明るみに出る(ロッキード事件) 05.07　いわゆる「三木おろし」始まる	01.08　周恩来死去 04.05　第1次天安門事件	

西暦 (元号)	日本	世界	河野太郎(河野家) その他
1970 (昭和45)	06.23　日米安保条約自動延長 11.25　三島由紀夫が自衛隊市ヶ谷駐屯地に乱入、割腹自決	10.24　チリにアジェンデの社会主義政権が成立 11.09　ド・ゴール死去 11.13　シリアでクーデタ、アサド国防相が全権掌握	11.09　川島正次郎死去
1971 (昭和46)	06.17　沖縄返還協定調印 06.27　第9回参議院選挙 07.01　環境庁設置(初代長官に大石武一)	07.15　米国政府、ニクソン大統領が明年2月に北京訪問と発表(ニクソン・ショック) 08.15　米国政府、金・ドルの交換を停止(ドル・ショック) 09.08　林彪事件 10.25　国連に中華人民共和国を招請、中華民国(台湾)を追放 12.25　10ヵ国蔵相会議(スミソニアン体制発足)	07.17　大叔父・河野謙三が参議院議長に選出される
1972 (昭和47)	01.03　日米繊維協定調印 02.03　札幌オリンピック開会式 02.19　連合赤軍あさま山荘事件 05.15　沖縄施政権返還(本土復帰)、沖縄県が発足 06.17　佐藤首相退陣を表明、会見で新聞記者が全員退去 07.05「三角大福」による自民党総裁選(角福戦争)に田中角栄が勝利 07.07　田中内閣成立 09.14　閣議でむつ小川原原発開発を了承 09.29　田中首相が中国訪問、日中共同声明を発表 12.10　第33回総選挙	02.21　ニクソン訪中、米中共同声明発表 05.30　イスラエルのテルアビブ・ロッド空港で日本赤軍による乱射事件 06.18　ウォーターゲート事件発覚 08.26　ミュンヘン五輪開幕 09.05　オリンピック選手村でイスラエル選手がパレスチナゲリラに殺害される 12.18　米軍、北爆を再開	06.11　田中角栄が『日本列島改造論』を刊行

西暦（元号）	日本	世界	河野太郎（河野家）その他
1967（昭和42）	01.29　第31回総選挙 04.16　東京都知事に美濃部亮吉が当選 08.03　公害対策基本法公布	06.05　第３次中東戦争（6日戦争）勃発 07.01　欧州共同体（EC）発足 08.08　東南アジア諸国連合（ASEAN）結成	01.29　父・河野洋平、第31回総選挙で衆議院議員に初当選 10.20　吉田茂死去
1968（昭和43）	06.26　小笠原諸島が日本に復帰 07.07　第8回参議院選挙	01.05　「プラハの春」始まる 01.30　南ベトナムでテト攻勢 03.27　スハルトがインドネシア大統領に選出される 03.31　ジョンソン米大統領、北爆の一時停止と大統領選不出馬を表明 05.03～フランス5月革命 07.01　核拡散防止条約調印 08.20　ワルシャワ条約機構軍がチェコスロバキアに軍事介入 10.12　メキシコシティ五輪開幕 11.05　米大統領にニクソンが当選	
1969（昭和44）	01.18　東大闘争、安田講堂へ機動隊導入 03.10　佐藤首相、国会で沖縄返還について「核抜き、米軍基地は本土並みに」と答弁 06.10　西ドイツを抜いてGNPが世界第2位となる 06.12　原子力船「むつ」進水式 12.27　第32回総選挙。自民党大勝、社会党惨敗	03.02　中ソ国境紛争で武力衝突 04.28　ド・ゴール仏大統領が辞任 07.20　米国のアポロ11号が月面着陸 09.02　ホー・チ・ミン北ベトナム主席死去	10.09　正力松太郎死去
1970（昭和45）	02.03　日本政府、核拡散防止条約に調印 03.14　大阪で日本万国博覧会が開幕 03.31　よど号ハイジャック事件 03.31　富士製鉄と八幡製鉄が合併し新日本製鉄が誕生	03.05　核拡散防止条約発効 03.18　カンボジアでクーデタ	

西暦（元号）	日本	世界	河野太郎（河野家）その他
1963（昭和38）	07.11　老人福祉法公布 11.21　第30回総選挙	08.05　米・英・ソが部分的核実験停止条約に正式調印 08.28　ワシントン大行進 10.15　朴正熙が韓国大統領に当選 11.01　南ベトナムでクーデタ、ゴ・ディン・ジエム大統領が殺害される 11.22　米大統領ケネディ暗殺	01.10　河野太郎生まれる 07.15　祖父・一郎の私邸が右翼の放火で全焼
1964（昭和39）	04.01　IMF 8 条国移行 04.28　OECD加盟 10.01　東海道新幹線開業 10.10　東京オリンピック開会式 10.25　池田首相、辞任表明 11.09　佐藤栄作内閣成立 11.17　公明党結成	07.02　ジョンソン米大統領が公民権法に署名 08.02　トンキン湾事件 10.16　フルシチョフソ連首相が失脚 10.16　中国が初の核実験	05.29　大野伴睦死去
1965（昭和40）	05.28　田中角栄蔵相、山一証券の経営危機に対し日銀特融を決断 06.22　日韓基本条約締結 07.04　第 7 回参議院選挙 08.19　佐藤首相が沖縄訪問（戦後初の首相訪問） 11.19　閣議で戦後初の赤字国債発行を決定	02.07　米国が北爆開始 09.30　インドネシアでクーデタ未遂 11.10　中国で文化大革命が始まる	07.08　祖父・一郎急死 08.13　池田勇人死去
1966（昭和41）		02.01　中国で文化大革命が本格化する 03.11　インドネシアのスカルノ大統領が政治権限をスハルト陸相に委譲する	12.01　旧河野派が中曾根派と森清派に分裂

西暦（元号）	日本	世界	河野太郎（河野家）その他
1959（昭和34）	04.10　皇太子明仁親王（現天皇）ご成婚 04.16　国民年金法公布（国民皆年金へ） 06.02　第5回参議院選挙 09.26　伊勢湾台風	01.01　キューバ革命 01.08　ド・ゴールがフランス大統領に就任 02.16　カストロ、キューバ首相に就任 03.10　チベット蜂起	03.07　鳩山一郎死去 06.12　祖父・一郎、自民党幹事長就任を岸総裁に拒否され、反主流派に転ずる
1960（昭和35）	01.19　新安保条約調印 01.25　三池闘争始まる 02.23　浩宮徳仁親王（現皇太子）誕生 05.19　新安保条約承認を強行採決 06.15　全学連デモ隊が国会に突入、樺美智子死亡 06.19　新安保条約自然成立 06.23　岸首相退陣を表明 07.19　池田勇人内閣成立 10.12　浅沼稲次郎社会党委員長が右翼少年に刺殺される 10.19　現行の生活保護水準は低すぎ、憲法第25条に反すると訴えた朝日訴訟で東京地裁は原告勝訴の判決を下す 11.20　第29回総選挙 12.27　閣議で国民所得倍増計画を正式決定	04.27　韓国の李承晩政権崩壊 05.22　チリ地震発生 07.11　コンゴ紛争始まる 07.27　経済協力開発機構（OECD）設立 08.25　ローマ五輪開幕 09.14　石油輸出国機構（OPEC）結成 11.08　ケネディが米大統領に当選 12.20　南ベトナム解放民族戦線（ベトコン）結成	05.19　河野派は三木派とともに強行採決を欠席 06.01　祖父・一郎、三木武夫らとともに「議会政治擁護連盟」を結成し岸首相に退陣を要求 08.05　祖父・一郎、新党結成を構想するも果たせず
1961（昭和36）	06.12　農業基本法公布	04.12　ソ連、人類初の有人衛星ボストーク1号の打ち上げに成功 05.16　韓国で軍事クーデタ	07.18　祖父・一郎、池田内閣の農林大臣として入閣
1962（昭和37）	07.01　第6回参議院選挙 11.09　LT貿易開始	07.05　アルジェリアがフランスから独立 10.22　キューバ危機	07.18　祖父・一郎、池田内閣の建設大臣に就任、オリンピック担当大臣も兼任

関連年表

＊編集部作成

西暦（元号）	日本	世界	河野太郎（河野家）その他
1955（昭和30）	02.27　第27回総選挙 07.27　共産党六全協 10.13　左右社会党統一 11.15　保守合同、自由民主党（自民党）発足	04.18　バンドン（アジア・アフリカ）会議 05.14　ワルシャワ条約機構成立 07.18　米英仏ソ４巨頭会談	1954.12.10　祖父・河野一郎、第1次鳩山一郎内閣の農林大臣に就任 11.22　祖父・一郎、行政管理庁長官兼任
1956（昭和31）	01.01　原子力委員会設置（初代委員長に正力松太郎） 04.05　自民党初代総裁に鳩山一郎が選出される 04.06　原子力委員会が茨城県東海村を原子力研究所の建設地に選定する 05.15　日ソ漁業協定調印 05.19　科学技術庁設置（初代長官に正力松太郎） 07.08　第４回参議院選挙 10.19　日ソ共同宣言 11.01　鳩山首相らソ連から帰国 12.18　日本、国連に加盟 12.23　石橋湛山内閣成立	02.25　フルシチョフによるスターリン批判 07.26　エジプトのナセル大統領、スエズ運河国有化を宣言 10.23　ハンガリー動乱始まる 10.29　第２次中東戦争（スエズ戦争）勃発 11.01　ソ連、ハンガリーに武力介入 11.22　メルボルン五輪開幕	01.28　緒方竹虎死去（自民党総裁代行委員） 04.29　祖父・一郎、農相としてモスクワで日ソ漁業交渉開始 05.09　祖父・一郎、ブルガーニンソ連首相と会談 07.04　三木武吉死去 10.07　祖父・一郎、鳩山首相とともに訪ソ 10.16～18　3次にわたる河野・フルシチョフ会談 12.14　自民党総裁選で一郎は岸信介を支持、反主流派となる
1957（昭和32）	02.23　石橋内閣総辞職 02.25　岸信介内閣成立 08.27　茨城県東海村の原子力研究所で原子炉が臨界点に達する	03.27　欧州経済共同体（EEC）設立条約調印 10.04　ソ連、人工衛星スプートニク１号の打ち上げに成功	07.10　祖父・一郎、岸内閣の経済企画庁長官に就任
1958（昭和33）	05.22　第28回総選挙 10.08　政府、警察官職務執行法（警職法）改正案を国会に提出 12.27　改正国民健康保険法公布（国民皆保険へ）	05.13　アルジェリアでクーデタ 06.01　フランスにド・ゴール内閣成立 10.05　フランス第５共和政開始 12.21　ド・ゴールがフランス大統領に当選	06.12　祖父・一郎、自民党総務会長に就任 12.23　東京タワー完工式

【著者紹介】

河野太郎（こうの・たろう）

一九六三年生まれ。衆議院議員。当選五回（二〇一二年八月現在）。一九八一年、慶応義塾大学経済学部入学。一九八二年、ジョージタウン大学入学、比較政治学専攻。一九八三年カリフォルニア州選出クランストン上院議員（民主党）の大統領選対に参加。一九八四年アラバマ州選出シェルビー下院議員（民主党）議会事務所でインターンをつとめ、同年、ポーランド中央計画統計大学留学。一九八五年、ジョージタウン大学卒業。一九八六年、富士ゼロックス株式会社入社。一九九一年、富士ゼロックスアジアパシフィック設立と同時にシンガポール赴任。一九九三年、日本端子株式会社入社。一九九六年、第四十一回衆議院総選挙で初当選。二〇〇二年、総務大臣政務官に就任。また同年、生体肝移植のドナーとなり父・河野洋平（元衆議院議長）に肝臓を移植する。二〇〇四年、議員立法で消費者基本法案、特定船舶入港禁止法案を成立させ、同年、第九代自民党神奈川県連会長に就任。二〇〇五年、法務副大臣に就任。二〇〇八年、衆議院外務委員長就任。二〇〇九年、議員立法で臓器移植法改正を実現させる。また同年の自由民主党総裁選挙に立候補して次点となる。著書に『原発と日本はこうなる―南に向かうべきか、そこに住み続けるべきか』（講談社）、『私が自民党を立て直す』（洋泉社）、『「原子力ムラ」を超えて―ポスト福島のエネルギー政策』（共著、NHKブックス）、『変われない組織は亡びる』（共著、祥伝社）などがある。

「超《ちよう》日本《にほん》」宣言《せんげん》―わが政権構想《せいけんこうそう》

2012年8月20日 第1刷発行

著　者　河野太郎《こうのたろう》
発行者　鈴木 哲
発行所　株式会社講談社
〒112-8001 東京都文京区音羽2-12-21
電話　出版部03-5395-3522
販売部03-5395-3622
業務部03-5395-3615
装丁者　坂野公
印刷所　大日本印刷株式会社
製本所　株式会社若林製本工場

ISBN978-4-06-217717-7

N.D.C. 310 286p 19cm

昭　田中角栄と生きた女

佐藤あつ子　著

「越山会の女王」と呼ばれた母と
オヤジ・田中角栄が私に遺してくれたこと
三回忌を前に父母の素顔を娘が綴る
なぜ母は、私を生まなければならなかったのか
立花隆氏との対談を併録

母が最後まで私に残したのは謎だった。

母は幸せだったのだろうか。「越山会の女王」と呼ばれた母は、本当はどんな時がいちばん自分らしいと考えていたのだろうか。本当に政界に影響力を及ぼしたかったのか。新潟から出てきた一人の女性が、なぜそんな人生を歩もうと思ったのか。そして、なぜ私を生んだのか。いや、なぜ私を生まなければならなかったのか――。（序章より）

講談社　定価（税込）：一六八〇円
※価格は変更することがあります